Das Buch

Das Buch für alle, die gerne sägen, hämmern, schrauben und bohren!

SPIEGEL-ONLINE-Redakteur Benjamin Schulz philosophiert in seinen Heimwerkertexten über das fast zärtliche Verhältnis zu seinem Akkuschrauber, diskutiert Größenwahn im Garten und rät, sich auf gar keinen Fall von einem Spaten verarschen zu lassen. Auf der Suche nach dem wahren Heimwerkerglück spielen sich einige größere und kleinere Dramen rund um Haus und Garten ab. Zum Glück gibt es jede Menge Tipps von Profis, damit es beim nächsten Mal besser klappt. Also ran ans Werkzeug, fertig, los!

Der Autor

Benjamin Schulz wuchs im Schwäbischen auf. Seit Kindertagen von »Schaffern« umgeben, entwickelte er schon früh ein Faible fürs Heimwerken. Im heimischen Keller stellte er Holzschwerter in Massenproduktion her. Seitdem er selbst im Eigenheim wohnt, findet er immer einen Anlass zum Werkeln. Im Blog »Gesägt, getan« auf SPIEGEL ONLINE schreibt er Geschichten vom Heimwerken.

BENJAMIN SCHULZ

GESÄGT, GETAN

EINE ANLEITUNG ZUM HEIMWERKERGLÜCK

Ullstein

Besuchen Sie uns im Internet:
www.ullstein-taschenbuch.de

Die Angaben und Hinweise in diesem Buch wurden sorgfältig recherchiert. Eine Gewähr kann aber nicht übernommen werden. Wenn Sie etwas vorhaben, das gefährlich werden könnte, seien Sie vorsichtig und holen Sie sich gegebenenfalls Hilfe von Fachleuten.

FSC
www.fsc.org
MIX
Papier aus verantwortungsvollen Quellen
FSC® C083411

Originalausgabe im Ullstein Taschenbuch
1. Auflage April 2018

Umschlaggestaltung: Zero, München
Coverillustration: © FinePic®, München
Bilder im Innenteil: © Benjamin Schulz
Satz: KompetenzCenter, Mönchengladbach
Gesetzt aus der Minion
Druck und Bindearbeiten: CPI books GmbH, Leck
Printed in Germany
ISBN 978-3-548-37755-1

Für J., M. und E.,
mein Team für die wichtigsten Projekte

Inhalt

Einleitung

Der Untertitel dieses Buches lautet »Eine Anleitung zum Heimwerkerglück«. Aber was ist das genau, dieses Heimwerkerglück? Die Freude, Gemüse in dem Garten zu ernten, den man selbst angelegt hat? Der Anblick der Wand, die man eigenhändig gefliest hat? Das erste Mal behutsam auf der selbst gebauten Bank zu sitzen? Einfach das Gefühl, etwas mit seinen Händen zu erschaffen – auch wenn das Ergebnis eher mau ist?

Die Antwort lautet: Ja, ja, ja und ja. Heimwerkerglück ist so vielfältig wie das Heimwerken selbst. Es ist kein großes Glück, kein »Ich halte zum ersten Mal mein Kind in den Armen«- oder »Ich habe die Liebe meines Lebens gefunden«-Glück. Aber es ist ein kleines, verlässliches Glück. Ein »Ich lese ein gutes Buch«- oder »Ich gehe an einem schönen Sommertag schwimmen«-Glück. Es macht das Leben reicher.

Wie auch immer Sie Ihr Glück beim Heimwerken finden: Es wird sich meiner Erfahrung nach nicht bei jedem Projekt einstellen. Gelegentlich gibt es sie zwar, die Momente, in denen alles funktioniert, in denen die Bohrungen passen, das Holz nicht splittert, das Brett exakt so abgesägt ist wie gewünscht. Aber oft ist es anders. Und das ist gut so. Wenn alles immer gelänge, wäre das doch furchtbar. Nur wer schon einmal vor einem Projekt stand, das er aus Wut und Frust am liebsten in die Ecke getreten hätte, kann das Glücksgefühl wirklich auskosten, das sich bei einer gelungenen Bastelei ergibt.

In den vergangenen Jahren habe ich beides durchlebt, den Frust aber zugegebenermaßen etwas häufiger. Ein Eigenheim samt Garten brachte jede Menge Möglichkeiten zum Buddeln, Betonieren, Streichen, Sägen, Schrauben, zum Hämmern, Bohren und Leimen. Ich tat es gern.

Wenn ich meinen Kollegen davon erzählte, waren sie wahlweise belustigt oder interessiert (in jedem Fall zumindest höflich genug, ihr Desinteresse nicht zu zeigen). Der Gedanke lag nahe, auch andere Leute könnten meine Basteleien lustig oder interessant finden. So entstand mein Blog »Gesägt, getan« auf SPIEGEL ONLINE.

Zwischen all den Meldungen über weltpolitische Ereignisse, Wirtschaftskrisen, Stars und Spitzensport wirken Artikel über Akkuschrauber oder Probleme beim Einbetonieren von Kantsteinen vielleicht etwas seltsam. Da geht es meinen Basteltexten nicht anders als dem Heimwerker selbst – auch er wird oft belächelt. Sein Coolnessfaktor bewegt sich in einer Liga mit dem von Briefmarkensammlern und Klöppelvereinen.

Wissen Sie was? Es ist mir egal. Beim Heimwerken geht es mir gut, und gelegentlich (okay: selten) bin ich sogar zufrieden mit meiner Arbeit. Vermutlich, weil das Basteln so anders ist als mein Job. Wie viele meiner Leser arbeite ich im Büro. Unsere Werkbank ist der Schreibtisch, unser Werkzeug der Computer. Und unsere Projekte? In aller Regel digital. Sie riechen nicht, man kann sie nicht anfassen. Mit mehr Holz als dem gelegentlichen Brett vorm Kopf kommen wir nicht in Kontakt.

Das alles ändert sich nach Feierabend, am Wochenende, im Urlaub. Es geht in den Garten, in den Werkzeugschuppen, in den Bastelkeller. Die Projekte sind analog. Das ist das Schöne am Heimwerken: Die Arbeit ist greifbar. Und schenkt einem Möglichkeiten. Wer einmal ein Beistelltischchen gebaut hat, möchte keines mehr aus dem Möbelhaus. Wer einmal ein Beet selbst angelegt hat, will keine virtuellen Pflanzen in irgendwelchen Apps züchten. Und wer einen Fußboden selbst verlegt hat, entwickelt zu ihm ein fast zärtliches Verhältnis.

Um all dies zu machen, braucht es außer Zeit vor allem Werkzeug und Material, zu finden im natürlichen Habitat des Heimwerkers: im Baumarkt. In diesem Buch möchte ich Sie einladen, mich genau dorthin zu begleiten. Wir werden all jene Abteilungen besuchen, die Ausgangspunkt meiner Triumphe und Tragödien als Heimwerker waren.

Und nun los, die Arbeit macht sich nicht von selbst! Erste Station: Holzabteilung.

Holz

Zapfenstreich beim Hobbyschreinern

In meinem Heimatort gab es einen alten Schreiner. Seine Werkstatt roch wundervoll nach Holz, an viel mehr kann ich mich leider nicht erinnern. Er starb, als ich noch sehr klein war. Aber ich bin sicher, dass er ein hervorragender Schreiner war. Bei mir zu Hause stehen heute noch ein von ihm gebauter Hocker und ein Schemel, die fast so alt sind wie ich. Sie knarzen nicht, sie wackeln nicht. Sie sind unkaputtbar. Das Geheimnis ihrer Langlebigkeit und Stabilität: Sie sind verzapft, also bombenfest verbunden, ganz ohne Schrauben oder Nägel, nur dank ihrer Form und ein wenig Leim.

In mir reifte ein Gedanke: Ich würde eine Bank mit verzapften Teilen bauen. Dieses Stück sollte die Jahrzehnte überdauern, einst würden meine Enkel mit derselben Bewunderung darauf schauen wie ich auf Hocker und Schemel.

Nun ja. Ich habe eine Bank gebaut, die Zapfen hat, eine Schwalbenschwanzverbindung. Und prinzipiell ist nicht ausgeschlossen, dass die Enkel sich das Ding dereinst anschauen werden. Nur bei der Bewunderung bin ich mir nicht so sicher. Wohlwollend könnte man sagen, dass ich es zu gut gemeint habe. Wie damals, als ich als Grundschüler einen kleinen Baum zurückstutzte – so sehr, dass am Ende nur noch der Stamm und zwei Zweige übrigblieben.

Keine Ahnung, woran es bei der Bank lag. Aber ich habe mit Säge, Stechbeitel und Klopfholz zu viel Material abgenommen. Zwischen Zapfen und Zinken ist so viel Platz, dass sogar die Dame des Hauses, die meine Bastelarbeiten sonst meist stillschweigend hinnimmt, sich äußerte. Mit Bedauern blickte sie auf die Spalten meiner Wackelkonstruktion und sagte: »Da ist ja ausreichend Platz.« Und das war noch sehr gnädig. Jeder Staubsaugerstecker sitzt fester in der Steckdose als meine Bank-Sitzplatte auf den Seitenteilen.

Ich hatte damit gerechnet, klopfen, drücken, nacharbeiten zu müssen, damit die Teile ineinanderpassen. Stattdessen war es wie bei einem Teil eines Kleinkind-Steckpuzzles: Viel Platz außenherum, damit es leicht in die Lücke passt. Die Spalten zwischen Zinken und Zapfen waren so groß, dass auch eine Flasche Leim nichts gebracht hätte.

So bleibt mir nur der schwache Trost, dass immerhin der Zapfen-Look gelungen ist und die Lücken von Weitem nicht besonders auffallen. Von einer bombenfesten Verbindung ist die Bank aber weit entfernt. Ich fühlte mich wie jemand, der die Freunde großspurig zum Essen eingeladen hat und dann den Pizzaservice anrufen muss, weil das selbst gekochte Drei-Gänge-Menü ungenießbar ist. Ich baute an beiden Ecken eine Verstrebung ein. Das gab der Bank die Stabilität, die ihr eigentlich schon die Zapfen hätten geben sollen.

Mal schauen, wie lange das Ding hält.

PROFI-TIPP: Wie macht man eine Schwalbenschwanzverbindung von Hand?

Wer solch eine Verbindung herstellen will, muss vor allem eines: üben. »Ein- oder zweimal werden nicht reichen«, sagt Stephan Naumann. Er ist gelernter Tischler und bei »Tischler Schreiner Deutschland – der Bundesinnungsverband« unter anderem dafür zuständig, was Azubis in ihrer Lehre lernen – etwa, wie man eine perfekte Schwalbenschwanzverbindung hinbekommt. Naumanns Tipps:

Das Werkzeug

- Ab in den Fachhandel statt in den Baumarkt. Und: Gutes Werkzeug garantiert zwar kein gutes Ergebnis, man muss es auch benutzen können. Aber mit schlechtem Werkzeug ist ein gutes Ergebnis nahezu ausgeschlossen.
- Man braucht gut geschärfte Stemmwerkzeuge, etwa Stechbeitel, einen Klüpfel mit Hartholzkopf, eine Feinsäge, Leim, einen Putzhobel und eventuell etwas Schleifpapier. Zum Anzeichnen sind Schmiege, Winkel und Streichmaß sowie Bleistift oder Spitzbohrer notwendig.

Die Holzauswahl

- Weiches Holz lässt sich leichter bearbeiten, verzeiht aber weniger Fehler.
- Hartholz, wie zum Beispiel Buche, ist ein guter Werkstoff, um zu üben.
- Achten Sie auf Astfreiheit und Maserung.

Die Zinken

- Mit spitzem Bleistift oder Spitzbohrer anzeichnen.
- Genau und langsam arbeiten – immer schön entlang der Linie stemmen oder sägen. Eine Schablone hilft, das Sägeblatt zu führen.
- Den Stechbeitel immer mit der flachen Seite zum Holz ansetzen, das stehen bleiben soll, und vorsichtig abstemmen.
- Wenn etwa die Hälfte des Materials abgetragen ist, das Brett umdrehen, damit am Ende nichts ausreißt.
- Darauf achten, dass in der Mitte des Brettes keine Wölbung überbleibt. Sonst ist die Verbindung nachher nicht bündig.

Die Schwalben

- Die Zinken als Schablone benutzen.
- Auf dieselbe Weise vorgehen wie bei den Zinken.

Das Zusammenfügen

- Die beiden Teile testweise zusammenstecken.
- Falls es nicht passt, mit dem Stechbeitel nacharbeiten – nicht mit Feile oder Schleifpapier, weil Schleifen fast immer zu Rundungen führt.
- Verleimen und anschließend mit dem Putzhobel nacharbeiten. Darauf achten, immer Richtung Brett zu hobeln, um Ausrisse zu vermeiden.

Ein Tipp unter Heimwerkern: Sollten doch klitzekleine Spalte oder Löcher auftreten, hilft die altbewährte Mischung Leim und Sägespäne.

Verzapft und original verkorkst

Mein Fiasko beim ersten Versuch, eine Bank zu bauen, ließ mich an den Loriot-Sketch mit den Vertretern denken, die Frau Hoppenstedt besuchen. Der Weinvertreter Blümel, gespielt von Loriot, hat einen Kernsatz: »Abgezapft und original verkorkt von Pahlgruber & Söhne.« Und, nach den ersten paar Gläschen Wein: »Abgezapft und original verkorkst von Pahlgruber & Söhne.« Als ich meine Bank betrachtete, musste ich immerzu daran denken. Verzapft und original verkorkst. Von mir.

Um kurz zu rekapitulieren: Ich wollte eine Bank bauen, was Stabiles, Solides, ein künftiges Erbstück. Das Ergebnis war weder stabil noch solide. Und als Erbstück nur geeignet, wenn man seine Kinder nicht leiden kann. Es war nicht mal eine Zapfen-Verbindung, wie mir mehrere fachkundige Leser schrieben. Sondern eine mit Zinken.

Das alles hat mich ordentlich gewurmt, obwohl ich sehr viel Zuspruch und Ermutigung von Lesern bekam. Ein Tischlermeister schrieb mir: »Respekt für die handwerkliche Leistung, ich kann mich noch gut an meine ersten Zinkenverbindungen erinnern.« Ein Trost, aber nur ein schwacher. Vor allem, weil mir mein Hauptfehler relativ schnell klar wurde. Ich hatte nicht im Abfallholz gesägt, also in jenen Teilen, die später ohnehin wegfallen würden, sondern in den Teilen, die stehen bleiben sollten. Und das ergab Lücken von zwei Sägeblattbreiten. Dass meine Säge eine absolute Katastrophe war – stumpfes und wabbeliges Sägeblatt –, half auch nicht.

Wenige Tage später habe ich mir eine Japansäge gekauft, mit der sich besonders fein und präzise sägen lässt. Und mit dem Bau einer zweiten Bank begonnen. Dieses Mal nicht aus Eiche, sondern aus günstigen Nadelholzbohlen, die noch im Schuppen herumlagen. Die sind weicher und einfacher zu bearbeiten. Und ich wollte mich bei erneutem Scheitern nicht ärgern müssen, schönes und teures Holz verhunzt zu haben.

Was soll ich sagen? Auf das Tal des Heimwerkerfrustes folgte der Berg des Hochgefühls. Die ersten Sägeschnitte waren wie eine Offenbarung. Wie leicht das Sägeblatt durchs Holz glitt! Wie gerade die Schnitte waren! Und meistens sogar dort, wo ich sie haben wollte! Beim Wegstemmen des Abfalls wurde mir klar, dass eine Eichenarbeit zum Starten vielleicht zu ambitioniert gewesen war, eine Art selbst auferlegte Strafarbeit.

Inzwischen ist Bank Nummer zwei fertig verzinkt. Und ich weiß nicht, ob ich mich freuen oder ärgern soll. Zuerst die Freude: Zapfen und Zinken sitzen so fest zusammen, wie ich es mir gewünscht hatte. Ganz ohne Leim. (Ehrlich gesagt wollte ich welchen verwenden. Aber dann habe ich vergessen, ihn vor dem Zusammenstecken auf dem Holz zu verteilen. Und hinterher saßen die Teile so stramm, dass ich sie nur mit viel Kraft wieder auseinandergekriegt und bestimmt nie wieder so gut zusammenbekommen hätte. Da dachte ich, geht auch ohne.)

Der Ärger: Hübsch sieht die Verbindung noch nicht aus, da half auch das Abschleifen nur bedingt. Manche der gröbsten Lücken ließen sich mit kleinen Holzstückchen nachträglich ausfüllen – ein Trick, den mir mehrere Leser empfohlen hatten. Pfuscher aller Länder, vereinigt euch!

Wenn ich mich in dem Tempo weiter verbessere, braucht es nur noch geschätzte 30 Bänke, bis meine Zinken-Verbindungen halten und noch dazu einigermaßen hübsch aussehen. Kennt irgendjemand einen guten Holzhändler?

Zu Gast bei Profis

Staub schwirrt durch die Luft, auf dem Boden häufen sich Sägespäne, und im Hintergrund surren die Exzenterschleifer: Hier fühle ich mich wohl. Ich stehe in einer Werkstatt und baue einen Beistelltisch aus Holz. An solch ein Projekt hätte ich mich allein kaum herangewagt.

Dass der Tisch inzwischen bei mir zu Hause steht, habe ich im Grunde genommen meinen mehr oder weniger gescheiterten Versuchen zu verdanken, eine Schwalbenschwanzverbindung herzustellen. Mehrere Leser, darunter auch Tischlermeister, rieten mir danach, mich doch einmal an Leute zu wenden, die mehr von der Sache verstehen als ich. Ein Leser meinte, so lasse sich den Betrachtern künftiger Projekte vielleicht ein »wohlwollendes Nicken« entlocken.

Auf meiner Mission »Nicken statt Kopfschütteln« habe ich Dietrich Sümmermann kennengelernt. Er ist passionierter Hobbybastler und bietet unter dem Namen »Dein Tagewerk« im westfälischen Ort Frömern Tischlerkurse an. Die Kursleiter sind Profis, schließlich sollen die Teilnehmer etwas lernen. Die Maschinen sind so ausgewählt, dass sie auch in der Werkstatt eines ambitionierten Hobbytischlers zu finden sein könnten – schließlich hat kaum jemand zu Hause Zugang zu einer Profi-Werkstatt oder Platz und Geld, eine einzurichten.

Die Werkstatt von »Dein Tagewerk« ist in einem alten Kornspeicher untergebracht. Dort habe ich einen Tag lang gemeinsam mit vier anderen Hobbybastlern gesägt, gefräst, gebohrt, geleimt und geschliffen.

Die anderen Teilnehmer standen mehr unter Druck als ich, hatten sie doch meist den Kurs von ihren Partnerinnen geschenkt bekommen – und die wollten Ergebnisse sehen. Da war es gut, dass mit Zimmerermeister Jan und Tischlergeselle Bobby zwei Kursleiter für fünf Hobbybastler zur Verfügung standen. Von solchen Betreuungsschlüsseln können Kitas nur träumen.

Meine erste Erkenntnis kam schon nach dem ersten Sägeschnitt: Auch mit dem besten Werkzeug kann man schlecht arbeiten. Schräg gesägt. Zu Hause wären zu dem Zeitpunkt möglicherweise schon Frust und Hilflosigkeit aufgekommen, im Kurs gab es aber zum Glück zwei Profis, die wissen, wie man Fehler korrigiert. Rechte Winkel sucht man bei meinem Tischchen jedenfalls nicht vergeblich.

Ich habe davon gehört, dass Leute beim Arbeiten in einen tranceartigen Zustand geraten. Dann geht alles quasi wie von selbst, die Arbeit gleicht einem Erweckungserlebnis. So ähnlich ging es mir, als ich mit meinen Holzteilen am Frästisch stand. Wie sauber sich der Fräskopf ins Holz arbeitete! Und wie einfach das dank einer von Jan hergestellten Schablone ging!

Nachdem ich bei meinen eigenen Versuchen viele Stunden lang von Hand an Schwalbenschwänzen und Zinken gearbeitet hatte, war die Fräserei wirklich eine Offenbarung für mich. Vor allem, weil die Eckverbindungen nach dem Zusammenleimen und Schleifen besser aussahen, als ich es mir je hätte träumen lassen. (Und weil Jan und Bobby jede Menge Tipps auf Lager hatten, wie man kleinere Fehler geschickt kaschieren kann. Ich sage nur: Leim auf die Problemstelle und nachschleifen. Das wirkt Wunder.)

Die nächste Offenbarung gab es bei der Herstellung der Tischbeine. Rückblickend frage ich mich, wie ich bislang ohne Oberfräse auskommen konnte. In diesem Fall war sie nicht unter einen Frästisch montiert, sondern wurde von Hand geführt. Die Fräse machte aus vier Fichtenbrettstücken Tischbeine, die meiner Meinung nach ohne Probleme auch als Handschmeichler durchgehen würden. Ich musste mir eingestehen, dass ich all die Jahre bei meinen Versuchen, fiese Kanten mit Schleifpapier und Feile in schmucke Rundungen zu verwandeln, gestümpert hatte.

Ich hatte auch gedacht, es sei quasi ein Ding der Unmöglichkeit, ohne eine einzige Schraube einen stabilen Tisch zu bauen. Im Kurs wurde klar, dass im Zweifelsfall ein paar sauber gebohrte Löcher, etwas Leim und Holzdübel vollkommen ausreichen.

Als mein Tischchen schließlich fertig dastand, stieg in mir ein Gefühl auf, wie es wohl Eltern haben, deren Kind nicht mehr auf ihre Unterstützung angewiesen ist: Guck mal, jetzt steht der Kleine ganz auf eigenen Beinen! Ich war stolz auf mein Baby. Und dachte: Noch wirkt es etwas blass. Es soll glänzen! Zu Hause habe ich noch mal fein nachgeschliffen und dann geölt. Das Ergebnis kann sich sehen lassen, finde ich. Und das Schönste: Es gab nicht nur von mehreren Betrachtern wohlwollendes Nicken, sondern schon die ersten Bestellungen für weitere Tische.

Diese Materialien und Werkzeuge wurden benutzt:

- ✓ 2 Leimholz-Eichenplatten 80 mal 40 mal 2 cm
- ✓ 1 Fichtenbrett
- ✓ Zollstock, Winkel, Stift
- ✓ Tauchkreissäge + Führungsschiene
- ✓ Oberfräse (mit und ohne Frästisch)
- ✓ Kappsäge
- ✓ Exzenterschleifer + Hand-Schleifpapier
- ✓ Hobel
- ✓ Akkuschrauber + Holzbohrer
- ✓ Holzhammer
- ✓ Schraubzwingen
- ✓ Leim

Kiste? Kannste!

Seit einiger Zeit beschäftigt mich die Frage, ob es möglich ist, überhaupt mit dem Heimwerken aufzuhören (nicht dass ich das vorhätte). Der Heimwerker befindet sich meiner Ansicht nach in einer Art Endlosschleife: Ganz gleich, ob etwas gelingt oder misslingt, es geht immer weiter. Geht ein Projekt schief, würde jeder Heimwerker, den ich kenne, sich eher die Hand abhacken als keine Verbesserungsversuche zu unternehmen. Gelingt ein Projekt, stellt sich ein wohliges Gefühl ein, das man immer wieder haben möchte – der Heimwerker, angefixt vom Projekterfolg.

Letzteres war mir bislang kaum vergönnt. Aber dann habe ich einen Tischlerkurs besucht, mit der Hilfe von Profis sehr viel gelernt und einen Beistelltisch gebaut. Das Ergebnis gefällt mir sehr. Aber es dauerte nicht lang, und ich dachte: Da geht doch noch mehr.

Deshalb habe ich einen weiteren Tag bei den Profis verbracht. Und ich wurde nicht enttäuscht. Dass tatsächlich noch mehr ging, habe ich Stephan Schapmann zu verdanken. Er ist nicht nur gelernter Tischler und Diplomholzfachwirt, sondern auch ein äußerst geduldiger Lehrer. Gemeinsam haben wir eine kleine Kiste mit Tragegriff gebaut. Und Stephan hat bei jedem Schritt erklärt, worauf ich als Laie achten muss, was gute von schlechten Maschinen unterscheidet und wie sich Fehler vermeiden lassen. Rückblickend muss ich konstatieren, dass ich noch weniger Ahnung hatte als ich dachte. Und dass sich an nur einem Tag mehr von Profis lernen lässt als ich vermutet hätte.

Was schon beim Bau des Tischchens galt: Die Anleitung kam vom Profi. Die Werkzeuge sollten aber so ausgewählt sein, dass sie auch im Bastelkeller eines Heimwerkers stehen könnten.

Die Kiste war eine Art Herzensangelegenheit. In meinem Elternhaus gab es ein ähnliches Exemplar, in dem wir Schuhputzzeug aufbewahrten. Ich weiß nicht mehr, ob mein Uropa oder mein Opa es gebaut hatte, beide begabte Handwerker. Leider habe ich kein Foto davon, aber ich kann mich erinnern, dass es so stabil wie praktisch war. Mir gefiel der Gedanke, dass spätere Generationen vielleicht mit ähnlichen Gefühlen auf meine Kiste blicken könnten.

Um möglichst viel lernen zu können, sollte jede der vier Ecken anders werden: eine mit Zinken, eine auf Gehrung gesägt, eine mit Nutverbindung und eine mit Flachdübeln.

Wenn ich jetzt mit Mitte 30 auf mein bisheriges Leben zurückblicke, bereue ich wenig. Aber ich bedaure, nicht viel früher mit einer Tischkreissäge gearbeitet zu haben. Wie leicht der Schiebeschlitten die Arbeit macht! Und wie sauber die Schnitte gelingen!

Das, erklärte mir Stephan, hängt vom Sägeblatt ab. Damit ist es wie mit dem Gebiss: Je mehr Zähne da sind, desto besser beziehungsweise feiner der Schnitt. Zumindest wenn man quer zur Faser schneidet.

Aus der Arbeit mit der Tischkreissäge habe ich für mich vor allem eine Lehre gezogen: Viele Probeschnitte an Reststücken sind des Fehlers Tod. Wer das für Zeit- oder Holzverschwendung hält, sollte sich fragen, ob Zeit und Holz effektiv genutzt sind, wenn ein falscher Schnitt alles verhunzt. Und genaues Sägen war wichtig, schließlich habe ich drei von vier Ecken mit der Kreissäge vorbereitet (Zinken, Gehrung, Nut), die letzte Ecke mit der Flachdübelfräse.

Wenn die Tischkreissäge ein Drei-Gänge-Menü im Sternerestaurant ist, ist die Flachdübelfräse ein Butterbrot. Sicherlich auch schmackhaft und sättigend, aber vergleichsweise fad. Man setzt sie ans Werkstück an, drückt den Fräskopf rein, zieht sie wieder heraus, fertig. Immerhin geht das zügig und ist nahezu idiotensicher (das kann ich nun aus persönlicher Erfahrung sagen).

Als die Kiste schließlich zusammengefügt und der Leim getrocknet war, habe ich Stephan gefragt, ob er zufrieden sei – denn ich war begeistert. Er etwas zurückhaltend. Zwischen den Seitenteilen der Kiste und dem Griffteil in der Mitte war ein winziger Spalt. Das wurmte Stephan. Ich fand es eher ermutigend: Selbst dem Profi gelingt nicht immer alles perfekt – und das heißt doch, dass immer noch ein bisschen mehr geht.

Für mich habe ich aus dem Tag die Drei-G-Regel abgeleitet. Damit ein Projekt gelingt, braucht es Genauigkeit, Geduld und gutes Werkzeug. (Jaja, ich weiß, das macht die Sache eigentlich zur GGgW-Regel, aber das klingt einfach doof.)

Genauigkeit und Geduld konnte ich mir bei Stephan abschauen: im Zweifelsfall lieber einen Probeschnitt mehr machen und die Fräse noch einen halben Millimeter tiefer einstellen. Und dafür hinterher nicht fluchen müssen.

Was das Werkzeug angeht, hat mein Abstecher zu den Profis Begehrlichkeiten geweckt. Immerhin: Mit dem Kistchen als Anschauungsstück sollte auch der letzte Skeptiker (besonders zu Hause, ähem) begriffen haben, dass sich die Anschaffung lohnt.

Diese Materialien und Werkzeuge wurden benutzt:

- ✓ Eichen-Leimholz (2 Zentimeter dick)
- ✓ Sperrholz (0,5 Zentimeter dick)
- ✓ Zollstock, Winkel, Stift
- ✓ Streichmaß
- ✓ Tischkreissäge
- ✓ Oberfräse (mit und ohne Frästisch)
- ✓ Flachdübelfräse
- ✓ Standbohrmaschine und Forstnerbohrer

- ✓ Stichsäge
- ✓ Exzenterschleifer und Hand-Schleifpapier
- ✓ Akkuschrauber und Holzbohrer
- ✓ Holzhammer
- ✓ Schraubzwingen
- ✓ Holzschrauben
- ✓ Leim
- ✓ Klebeband
- ✓ Holzöl

So ein hohles Projekt

Im Film »Robin Hood – König der Diebe« gibt es eine Szene, die mir im Gedächtnis geblieben ist. Darin schaffen es Robin und sein treuer Begleiter Azeem in einer Szene nicht, eine massive Holztür aufzubrechen, um die Maid Marian aus den Händen des fiesen Sheriffs von Nottingham zu befreien. Azeem bringt die Sache auf den Punkt: »Verdammte englische Eiche!«

Wenn man »englische« weglässt, trifft dieser Satz meine Gefühlslage gerade ganz gut. Aber der Reihe nach.

Von einem Bekannten hatte ich ein hübsches Stück Eichenstamm bekommen. Als Spaltklotz zu niedrig, zum Verbrennen zu schade. Aber er erschien mir perfekt für ein Projekt, das ich schon länger im Kopf hatte: ein Stück Baumstamm in zwei Teile zu zersägen, die Hälften auszuhöhlen, mit einem Scharnier zu verbinden und als Kiste zu benutzen. Ein Unikat, hergestellt nur mit Handwerkszeug, ohne Maschinen. Und selbstverständlich stylisch, in meinen Gedanken war die Kiste schon das Schmuckstück jeder skandinavisch angehauchten Wohnlandschaft.

Die Vorstellung, dass die Kiste quasi fertig im Holz existiert und ich sie bloß noch freilegen muss, faszinierte mich. Leider ließ mich meine Faszination vergessen, dass ich bestenfalls eine vage Vorstellung davon hatte, wie viel

Arbeit auf mich zukommen würde. Eiche ist hart, ganz gleich, ob englische oder deutsche. Das haben sie bei Robin Hood natürlich nicht gesagt.

Ich hatte die (wie ich damals noch dachte) brillante Idee, möglichst viel Material durch Bohren zu entfernen – Handwerkszeug ade. Was der Bohrer wegmacht, muss man nicht mit Stechbeitel und Schlegel herausstemmen.

Es stellte sich schnell heraus, dass Bohren alles andere als schnell ging und Maschine und Mensch alles abverlangte. Eiche brachial. Die Frage nach dem Warum stellte ich mir erstmals, als mein Bohrer den Geist aufgab, überhitzt und verbogen. Spätestens zu diesem Zeitpunkt war mir auch klar, dass es keine Kiste geben würde. Sondern eine wunderbare handgemachte Schale, ein Schmuckstück für jeden Wohnzimmertisch. Zack, die Hälfte der Mühen gespart.

In stundenlanger Arbeit kämpfte ich mich Millimeter für Millimeter ins Holz vor. Bohren, Klopfen, Wegstemmen, Bohren, Klopfen, Wegstemmen. Irgendwann wurde ich beim Bohren unvorsichtig und bohrte zu tief, durch das komplette Holz hindurch. Damit war die Schale im Eimer. Egal, zu dem Zeitpunkt war ich sowieso schon im »Drauf geschissen«-Modus.

Meiner Erfahrung nach hat jeder Heimwerker diesen Aggregatzustand schon mal erreicht oder zumindest bei anderen erlebt. Er manifestiert sich in Sätzen wie »Sieht doch keiner«, »Perfektion wird überschätzt« oder »Komm, lass fertig werden mit der Kacke hier«.

Angesichts der Bohrlöcher war mir klar, dass am Ende meines Projektes ein ausgehöhltes Stück Holz bleiben würde, das innen aussehen würde, als hätten sich übergroße Borkenkäfer mal richtig ausgetobt. Das Einzige, was ich freigelegt hatte, war ein Mahnmal meines Scheiterns.

Da war nix mehr zu retten. Meine Idee ist nun, die Schale mit einem Deckchen auszulegen, um all die hässlichen Löcher zu verstecken. Außen noch ein bisschen feiner schleifen, vielleicht ein wenig einölen. Dann könnte ich mich eventuell damit anfreunden, das Ding im Haus zu haben. Wahrscheinlicher ist aber, dass es als Natur-Blumenkübel im Garten endet. Löcher im Boden für den Wasserablauf hat es ja schon mal.

Die Schale als harte Heimwerker-Nuss

Es muss während meiner Grundschulzeit gewesen sein. Damals habe ich einen Spruch aufgeschnappt, der mir im Gedächtnis geblieben ist. Bei Gewitter solle man »vor Eichen weichen, Buchen suchen«. Keine Ahnung, wer mir das erzählt hat. Keine Ahnung, ob es stimmt. Ich meine mich zu erinnern, die Begründung lautete, Buchen hätten glattere Rinde als Eichen – das Wasser könne schneller abfließen, was wiederum das Risiko eines Blitzeinschlages senke. Ich bin ziemlich sicher, dass das Schwachsinn ist, aber was anderes habe ich nicht anzubieten.

In jedem Fall würde ich mein Wohlergehen bei einem Gewitter nicht an diesen Spruch knüpfen wollen. Aber beim Versuch, aus einem Stück Holz eine Schale herauszuarbeiten, ist er allemal hilfreich.

Mein erster Versuch, aus einem Stück Eichenstamm eine Schale herauszuarbeiten, war eine Tortur. Und das Ergebnis war näher an einem Stück Brennholz als an einem stylischen Deko-Artikel. Ich zog daraus die Lehre, bei ähnlichen Projekten künftig vor Eichen zu weichen. Nach Jahrzehnten, in denen sich der Gewitter-Spruch in mein Gedächtnis eingegraben hatte, ergänzte mein Gehirn automatisch: »… Buchen suchen«.

Zum Glück musste ich dafür nicht weit gehen. Bis zum Nachbarn, um genau zu sein. Bei ihm lag haufenweise Buchenholz herum, ungespalten, aber trocken. Ein Stück von etwa 25 Zentimetern Durchmesser schien mir für das nächste Schalen-Projekt geeignet, der Nachbar überließ es mir dankenswerterweise.

Ich habe die Wahl nicht bereut. Es brauchte viele Stunden, um mit Säge, Beil, Holzhammer, Stechbeitel, Flex samt Schleifaufsatz sowie Sandpapier eine Schale aus dem Holz herauszuarbeiten. Selbst das komplette Scheitern meiner Idee, die Bohrmaschine behelfsweise als Drehbank zu benutzen, konnte mich nicht aufhalten.

Mit meiner Schale aus Buche war ich am Ende so zufrieden, dass ich den Mut fasste, mich meinem Eichen-Trauma zu stellen. Ich hatte noch ein Stück Eichenleimholz, Rest der Küchenarbeitsplatte. Daraus sollte nun eine flache Schale entstehen.

Es war wie eine Offenbarung. Die Fräse glitt wunderbar leicht durchs Holz, vor meinen Augen entstand ein hübsches Schalen-Unikat. In Gedanken sah ich mich schon in Massenproduktion gehen. Wie würden sich die Schalen wohl am besten auf Weihnachtsmärkten verkaufen lassen?

Als ich über einen Namen für mein tolles Produkt sinnierte (weiter als »Schalenfrüchte meiner Arbeit« bin ich nicht gekommen), rutschte ich mit der Fräse ab und verhunzte den Rand der Schale. Das zwang mich, die Expansionspläne auf Eis zu legen. Ich besserte die verhunzte Stelle aus, indem ich ein kleines Stück Holz hineinleimte. Diese Reparatur hat mich mehr Zeit und Nerven gekostet als die Arbeit an der gesamten restlichen Schale.

Inzwischen stehen Buchen- wie Eichenschale im Wohnzimmer. Der Rest der Familie toleriert ihre Anwesenheit. Ich habe sogar den Eindruck, dass das Exemplar aus Eiche manchen Familienmitgliedern gefällt. Von der Buchenschale kann ich das leider nicht behaupten.

Aus diesen Präferenzen habe ich für künftige Projekte meine persönliche Regel abgeleitet: Vor Buchen weichen, Eichen suchen.

Hilfe, ich habe eine Macke

Schon seit meiner Kindheit ist mir Holz der liebste Werkstoff. Es strahlt so viel Wärme und Heimeligkeit aus. Deshalb war für mich immer klar: In der neuen Küche sollte es eine Holzarbeitsplatte sein. Als ich die Eichenplatte im Küchenstudio berührte, war es Liebe auf den ersten Griff.

Das Holz muss geschliffen und geölt werden. Das bedeutet Arbeit, zugegeben, aber ich tue kaum etwas lieber. Es gibt wenig, das angenehmer riecht und sich geschmeidiger anfühlt als geschliffenes, frisch geöltes Holz, besser als jeder Handschmeichler vom Weihnachtsmarkt. Noch heute ertappe ich mich manchmal dabei, wie ich in der Küche langsam die Hand über die Arbeitsplatte gleiten lasse und daran meine Freude habe.

Apropos Arbeitsplatte. Es wäre meiner Ansicht nach falsch zu sagen, dass ein Fleischerhammer für Kleinkinder grundsätzlich ein ungeeignetes Spielzeug ist. Aber auf einer Arbeitsplatte aus Holz kann diese Kombination Konsequenzen haben. In diesem Fall zum Glück nur für die Platte: ein paar Dellen.

Es hat zwar einen gewissen Charme, wenn ich nicht der Einzige im Haus mit Macken bin. Aber bei der Holzplatte hegte ich die Hoffnung, dass sie sich beseitigen lassen. Ich habe das mal bei einem Tischler gesehen. Wie ein Magier ließ er in wenigen Minuten eine kleine Rille verschwinden, mit einem Sägemehl-Irgendwas-Gemisch. Das wollte ich auch. Ohne zu googeln oder jemanden zu fragen, versuchte ich mich als Mackenmagier. In ein Plattenreststück haute ich diverse Dellen, mischte aus Sägemehl und Leim eine Pampe an und schmierte sie wie Spachtelmasse in die Vertiefungen. Nach zwei Tagen Trockenzeit schliff ich das Holz glatt – und: Alle Macken waren verschwunden! Weggezaubert mit in der Werkstatt vorhandenem Material!

Von wegen.

Gut, dass ich die Sache an einem Holzrest getestet hatte. Sonst wäre die schöne Arbeitsplatte verhunzt. Von 17 eigens hergestellten Macken im Testholz waren nur neun verfüllt. Die wohlmeinenderen unter den Lesern sagen jetzt vielleicht: Die Quote ist doch gar nicht so schlecht. Danke, Sie sind zu gütig. Aber tatsächlich sahen auch die gelungeneren Stellen übel aus. Man fühlte die Füllung beim Drüberstreichen, das Handschmeichler-Feeling war weg. Und die Farbe war eher dunkelgrau als Eiche. Es wäre wohl deutlich unauffälliger gewesen, die Macken ohne Füllung zu belassen.

Was habe ich falsch gemacht? Stimmte das Verhältnis zwischen Sägemehl und Leim nicht? War die Trocknungszeit zu kurz? Habe ich das falsche Schleifpapier benutzt? Hätte etwas anderes als Leim besser funktioniert? Ist Holz vielleicht doch nicht so wunderbar? Na na, wegen eines kleinen Rückschlages werde ich nicht gleich eine große Liebe in Zweifel ziehen.

WAS WURDE AUS …?

Ich habe zu kaum einem Text mehr Lesermails bekommen als zu den Macken im Holz. Über Monate habe ich alle Tipps gesammelt und dann den großen Test gemacht: Auf einem Reststück Arbeitsplatte habe ich fünf Felder eingezeichnet und in jedem Feld jeweils eine flache Delle und eine tiefere Kerbe ins Holz gehauen.

Wie lassen sich Delle und Kerbe am besten kaschieren? Ich habe die fünf häufigsten Lesertipps getestet:

- Paste aus Sägemehl und Leim
- Holzkitt
- Reparatur mit Holzzapfen
- Austausch eines großen Holzstückes
- Befeuchten und Aufbügeln

Ja, Sie haben richtig gelesen. Ich hätte auch nicht gedacht, dass mir ein Bügeleisen jemals beim Heimwerken behilflich sein könnte. Aber für die Delle erwies sich die Methode tatsächlich als beste Option. Es brauchte einige Bügeldurchgänge, aber der Wasserdampf ließ die zusammengedrückten Holzfasern wieder aufquellen. Wenn die Delle zu Beginn deutlich zu spüren war, war sie hinterher kaum mehr wahrzunehmen.

Die Paste aus Sägemehl und Leim erwies sich nicht nur farbtechnisch als Reinfall, auch das Verfüllen der Macken erwies sich als äußerst schwierig. Und auch beim Holzkitt war es quasi unmöglich, den richtigen Farbton zu treffen. Immerhin fühlten sich Delle und Kerbe mit Holzkitt verfüllt gleichermaßen gut an. Wer also betonen will, dass er seine Arbeitsplatte viel nutzt und entsprechend strapaziert, ist mit dem Kitt gut beraten. So sieht jeder, dass die Platte repariert wurde – und sie fühlt sich trotzdem gut an.

Die beiden Holzaustausch-Methoden – der Zapfen und das Ersetzen eines größeren Stückes – sind nur Leuten zu empfehlen, die in der Lage sind, äußerst exakt zu arbeiten. Ansonsten sieht es (wie bei mir) schnell richtig doof aus. Da sind Sie im Zweifelsfall besser beraten, mit Dellen und Kerben zu leben.

Angesichts meiner mauen Test-Ergebnisse habe ich mich am Ende entschieden, die Macken in der Platte vorerst zu belassen. Das schien mir noch die dezenteste Variante zu sein.

Krummes Ding

Heimwerker im 21. Jahrhundert zu sein bedeutet, sich in Demut zu üben. Es braucht nur ein paar Klicks, um Hunderte Leute zu sehen, die jede erdenkliche Arbeit besser erledigen können als man selbst. Besonders beeindruckt bin ich immer, wenn Leute elaborierte Zeichnungen haben, am Computer gemacht, selbstverständlich 3D. Mich beschleicht dann immer das Gefühl, dass diese Leute mit dem Projekt quasi schon fertig sind: Wie Pizzabäcker, die ihre Pizza schon in den Ofen geschoben haben und jetzt nur noch warten müssen, bis sie fertig ist.

Ich wäre bei den meisten Projekten schon froh, wenn ich eine Skizze auf einem Pizzakarton hätte. Aber viel bringen würde sie nicht, weil man damit bestenfalls »Pictionary« spielen könnte. Ich habe einmal versucht, einen Tisch zu zeichnen. Er sah aus wie ein Haus auf Stelzen. Ich habe das Blatt verbrannt.

Wenn ich baue, habe ich eine Idee, eine grobe Vorstellung und fange an. Und das führt mich regelmäßig in Sackgassen. Deswegen dreht mein Akkuschrauber fast genauso oft linksherum wie rechtsherum – weil ich öfter mal Schrauben wieder rausdrehen muss. Eine Schraube wieder rauszudrehen geht schnell. Dumm ist es, wenn man ein fast fertiges Projekt vor sich hat und merkt, dass man keine Ahnung hat, wie man ins Ziel kommt. Endstation Sackgasse.

Der Weg in die Misere begann in der Nähe meines Wohnortes am Waldrand. Dort hatten Arbeiter einige Bäume gefällt und kleinere Äste liegen lassen – Gratis-Bastelmaterial quasi. Ich hatte schon länger vorgehabt, etwas aus naturbelassenem Holz zu bauen. Jeder Ast ist anders, und deshalb wird jedes Projekt zum Unikat. Überall krumm, aber einzigartig.

Das Holz am Waldrand erinnerte mich an einen Getränkekorb, den mein Opa ebenfalls aus Ästen für unsere Familie gebaut hatte. Ich wollte die Tradition fortsetzen, und zu Beginn lief es super. Ein Boden aus einem Stück Holzplatte ausgesägt, Äste geschält und abgeschliffen, die einzelnen Aststücke von unten mit der Bodenplatte verschraubt – schon sah mein fast fertiger Getränkekorb aus, wie ich ihn mir gewünscht hatte: Die Flaschen sicher in der Mitte stehend, umzingelt von einem Kreis etwa zeigefingerdicker Äste.

Just in diesem Moment stellte sich bei mir Ratlosigkeit ein: Wie sollte ich die einzelnen Aststücke auch oben miteinander verbinden, um dem Korb mehr Stabilität zu geben? So weit hatte ich nicht gedacht.

Der Versuch, einen Ring aus Restholz auszusägen, schlug fehl. Genauer gesagt, der Ring zerbrach, bevor ich auch nur begonnen hatte, über seine Befestigung nachzudenken. Und ehrlich gesagt hätte er ziemlich klobig gewirkt.

Kurzzeitig erwog ich, die Aststücke mit Schnur zu verflechten. Aber ich kann mir kaum die Schnürsenkel binden, ohne dass sie aufgehen. Wie ich da ein stabiles

Getränkekorbgeflecht hinbekommen hätte sollen, wäre mir ohnehin schleierhaft gewesen. Deshalb verfiel ich auf den Gedanken, es lieber mit einem Material zu versuchen, mit dem ich mich wohlfühle. Den folgenden Nachmittag verbrachte ich am Waldrand, auf der Suche nach besonders biegsamen Zweigen. Als ich sie gefunden hatte, baute ich aus einem Stück Holzplatte und Schrauben eine Art Zweig-Zwangsjacke: Dort hineingespannt, wurden sie durch die Anordnung der Schrauben zu einem Halbkreis gebogen. Nach zwei Tagen befreite ich die Zweige aus der Zwangsjacke. Sie behielten ihre Form.

Von da an lief es wie geschmiert: Problemlos ließen sich die Zweige anbohren und mit kleinen Nägeln auf den einzelnen Aststücken befestigen. Gar nicht klobig, gegebenenfalls leicht zu reparieren. Und im Wackeltest ziemlich stabil.

Inzwischen wird der Korb seit einigen Monaten benutzt. In diesem Dauerbelastungstest hat er sich bewährt, wie der Korb von Opa. Mich hat das Projekt eines gelehrt: Krumme Dinger sind nicht immer schlecht.

Die Schokoladenseite muss nach oben

Als Kind habe ich gerne Asterix-Hefte gelesen. Irgendwann kam mir der Gedanke, dass es doch möglich sein müsste, so wie der Druide Miraculix einen Zaubertrank herzustellen. Superkräfte würde ich dadurch vermutlich nicht bekommen, so viel war mir auch schon damals klar, aber zumindest Supergeschmack sollte doch drin sein. Eines Tages schüttete ich so ziemlich alles zusammen, was der Haushalt hergab: Apfelsaft, Multivitaminsaft, Milch, Wasser, Traubensaft. Gut möglich, dass auch Essig, Öl oder ein Schluck Malzbier hinzukamen, daran kann ich mich nicht mehr genau erinnern. Dafür weiß ich umso besser, wie mein Mixgetränk schmeckte: absolut furchtbar. Ich war enttäuscht. Wenn die Erwartungen so hoch sind und das Ergebnis so miserabel, tut das weh. Mein Intermezzo als Druide hat mich zweierlei gelehrt: Man sollte von seinen Projekten keine Wunderdinge erwarten. Aber natürlich darf man sich trotzdem wünschen, dass das Ergebnis nicht grauenvoll wird.

Deswegen war ich ziemlich nervös, als ich eines Abends im Schuppen eine selbst gebaute Buchstütze in die Hände nahm und die beiden Enden kräftig zusammendrückte. Es war ein Test, wie stabil mein Werk geworden war. Würde ich ein Knacken hören, ein Ächzen, ein Knarzen? Würden sich die beiden Seiten verschieben? Würden die verleimten Stellen aufbrechen? Sollte die ganze Arbeit umsonst gewesen sein?

Nein. Die Seiten der Buchstütze bewegten sich keinen Millimeter. Alles fest, und das ganz ohne Schrauben.

Wie konnte das passieren? Die Buchstütze war mein erster Versuch, eine ebenso einfache wie (bei korrekter Ausführung) stabile Holzverbindung von Hand herzustellen: Fingerzinken. Dabei greifen die ins Holz gesägten »Finger« beider Teile ineinander – so wie Finger beim Händefalten.

Auch ohne gefaltete Hände hatte ich bei dem Projekt zwischenzeitlich ein paar Heimwerker-Stoßgebete zum Gott des Holzes gesandt. Meine größte Sorge war, ich könnte beim Herstellen der Finger zu viel Material entfernt haben. Dann wären zwischen ihnen Lücken entstanden, die auch der beste Leim nicht hätte füllen können; meine Buchstütze wäre ein Fall für die Brennholzkiste gewesen. Deshalb war ich übervorsichtig und sägte absichtlich zu wenig ab. Es brauchte bestimmt 20 Tests und Nacharbeiten mit Stecheisen und Hammer, um die beiden Teile zusammenstecken zu können, aber dann griffen die Finger wirklich eng ineinander. Damit die beiden Seiten am Ende im rechten Winkel zueinander standen, brauchte es einen Metallwinkel und diverse Unterleghölzer als Hilfe, die die Finger beim Leimen fest ineinanderpressten. Nachdem alles mit Schraubzwingen fixiert worden war, war die Buchstütze kaum noch zu sehen.

Wieder aus den Zwingen befreit, blieben nur noch kosmetische Arbeiten. Bei Menschen braucht es Rouge, Mascara und allerlei Cremes. Holz ist da genügsamer. Ich bin immer wieder erstaunt, was ein bisschen Schleifpapier aus einem Stück Holz machen kann. Aber wie bei Eyeliner und Lidschatten sind auch seiner Wirkung Grenzen gesetzt. Meine Buchstütze hat jedenfalls eine gut geschminkte Schokoladenseite. Bitte nicht umdrehen!

Fast marktreif

Vor einiger Zeit habe ich begonnen, ein kleines Spiel zu spielen. Wenn es sich ergibt, lasse ich in Gesprächen Sätze fallen wie: »Heutzutage geht doch alles immer so schnell kaputt, man schmeißt es weg und kauft neu. Dabei könnte man aus vielen alten Sachen noch echt was machen.« Ich kann mich nicht entsinnen, dass jemals irgendjemand dieser Aussage widersprochen hätte. Hemmungsloser Konsum und Wegwerfgesellschaft pfui, das liegt voll im Zeitgeist. Nachhaltigkeit, Recycling, Upcycling sind gefragt. Prinzipiell kann ich das gut verstehen. Das Beil, das einst meinem Uropa gehörte, tut mir immer noch gute Dienste. Aber zum Dogma möchte ich die Regel »alt = wertvoll« auch nicht erheben. Etwas ist nicht zwangsläufig gut oder bewahrenswert, nur weil es alt ist. Oder will jemand Kohleheizung in der Wohnung zurück?

Die Frage »Altes Schätzchen oder Schrott?« stellte sich mir, als eines Tages die Verwandtschaft zu Besuch kam. Im Gepäck hatte sie einen Kinder-Kaufmannsladen. Genauer gesagt: die Überreste eines Kinder-Kaufmannsladens, mindestens 30 Jahre alt.

Wo die Vertreter einer entfesselten Konsumgesellschaft nichts weiter als einen Haufen Sperrmüll gesehen hätten, zeigte sich mir als Heimwerker Potenzial. Es sollte doch möglich sein, mit etwas Holz, ein paar Schrauben, ein bisschen Stoff und Farbe aus dem Gerümpel etwas Hübsches zu machen. Einen neuen Kaufmannsladen zum Beispiel.

Die Ironie dieses Planes ist mir durchaus bewusst: Als Symbol gegen die Wegwerfprodukte des Kapitalismus ausgerechnet einen Laden zu bauen, in dem spielerisch der Kapitalismus praktiziert wird. Nach einigem Nachdenken bin ich aber zu dem Schluss gekommen, dass ich einfach allen Kindern klarmachen würde, dass es sich selbstverständlich um den genossenschaftlich geführten Laden einer Bio-Landwirtschaftskommune handelt, der den turbokapitalistischen Großhandelskonzernen Paroli bietet.

Nachdem ich derart mein Gewissen beruhigt hatte, machte ich mich an die Planung. Der Kaufmannsladen sollte mehrere Bedingungen erfüllen:

- Er sollte ohne Werkzeug auf- und abzubauen sein: Ich hatte keine Lust, jedes Mal Schraubenzieher und Akkuschrauber zu holen.
- Er sollte kippsicher sein: Es wäre der GAU, wenn sich der Laden als Gefahr für spielende Kinder erwiese.
- Er sollte nicht viel Geld kosten: Ein bisschen Farbe und Holz hatte ich noch im Schuppen. Grob überschlagen habe ich für das restliche Material rund 50 Euro bezahlt.

Das Design hatte ich im Kopf: Der Laden sollte aus drei Elementen bestehen, zusammenzustecken in U-Form. Zwei Türme mit Plexiglasscheiben sollten die Ladentheke vorne einrahmen, quasi als Schaufenster. Und über allem sollte eine Markise sein, um den Laden wie einen Marktstand wirken zu lassen.

Die größten Schwierigkeiten beim Bau machte mir der Umstand, dass der Boden meines Schuppens nicht hundertprozentig eben ist. Ich bin fast dabei verzweifelt, die einzelnen Laden-Elemente auf diesem schiefen Untergrund so aufzustellen und zusammenzuschrauben, dass sie hinterher auf einem tatsächlich ebenen Boden gerade stehen können. Und ich habe den Tag verflucht, an dem ich mich entschieden hatte, die Schaufenstertürmchen mit Plexiglasscheiben auszustatten. Ich muss lange überlegen, um eine Arbeit zu finden, die ich ätzender finde als Plexiglas zuzuschneiden. Nur so viel: Ein Fehlversuch mehr und ich hätte die Idee mit den Schaufenstern aufgegeben und die Türme zum Lagerraum umdeklariert.

Immerhin klappte es sehr gut, die Teile des alten Kaufmannsladens zu verbauen. Als alles zusammengeschraubt war, lag auf meiner Werkbank noch ein kümmerliches Häufchen Holz, die Reste des alten Ladens. Es hätte problemlos in eine große Butterbrotdose gepasst.

Da können selbst die größten Recycling-Freaks nicht meckern, dachte ich. Zumal der Laden, so viel wage ich zu behaupten, stabil und bei Bedarf gut zu reparieren ist. Alles auf langfristige Nutzung ausgelegt. Mit dem Ding können auch noch meine Enkel spielen. Das dürfte doch alle Verfechter nachhaltigen Konsums erfreuen. Zumindest in dieser Hinsicht ist der Laden fast schon marktreif.

Garten-
markt

Größenwahn im Garten

Rostige Schrauben und scharfkantige Steine ließen den Haufen aus Sand und Bauschutt als Spielort für Kleinkinder ungeeignet erscheinen. Ein Sandkasten musste her. Aber nicht irgendeiner, schon gar kein Bausatz aus dem Baumarkt oder Internet.

Rückblickend habe ich den Tag schon mehrmals verflucht, an dem ein Supermarktprospekt im Briefkasten lag. Darin fand sich das Bild eines Sandkastens, dessen Abdeckung auf einem fahrbaren Untergestell ruhte. Drüberfahren, Sand ist geschützt. Wegfahren, Sandkiste zum Spielen bereit. Wie einfallsreich, dachte ich, wie praktisch. Und: Das kann ich auch. Tatsächlich meinte ich: Das kann ich besser.

Ich wollte nicht so ein Popel-Ding von vielleicht einem Meter Seitenlänge, das kaum Platz für eine anständige Sandburg bietet. Ich wollte Raum für eine ganze Burgenlandschaft. Mir schien eine Größe von knapp fünf Quadratmetern angemessen.

Den Größenwahn im Garten musste ich bald bitter büßen. An einem der heißesten Tage des Sommers hub ich mit dem Schwager die Grube aus, wir füllten mehr als 20 Schubkarren. Wenn in 30 Jahren der Sandkasten schon längst zum Beet geworden sein wird, werden wir uns immer noch dazu beglückwünschen, was wir damals geackert haben. Und den Kindern sagen: Ihr könnt euch gar nicht vorstellen, wie das früher war.

Rund fünf Quadratmeter also. Und darüber eine Abdeckung samt Häuschen zum Wegschieben, notwendigerweise größer: mehr als sechs Quadratmeter. Eine grobe Berechnung ergab, dass ich mit dem notwendigen Material locker einen soliden Carport hätte bauen können (als das Holz geliefert wurde, fragte eine Nachbarin tatsächlich, ob jetzt der Carport gebaut werde).

Dem Plan zufolge wäre der Sandkasten astrein vor Überschwemmung und Katzenkacke geschützt gewesen. In der Praxis hätte man allerdings nicht im Sand spielen können, weil die Abdeckung so schwer geworden wäre, dass sie ohne Trecker vermutlich keinen Zentimeter zu bewegen gewesen wäre.

Ich plante also stattdessen ein kleineres Dächlein ein. Geht ja dann auch schneller, dachte ich. Inzwischen befindet sich der Bau im zweiten Jahr. Anvisiert waren maximal zwei oder drei Wochen. Seit dem ersten Spatenstich kann ich viel besser nachvollziehen, was beim Berliner Flughafenneubau los ist. Ich befinde mich in einer ähnlichen Lage: Es dauert alles viel länger und wird viel teurer als gedacht. Das ist ärgerlich, weil man das vor der Wählerschaft (der Familie) rechtfertigen muss. Aber einfach aufhören geht auch nicht, weil dann die gesamten bisherigen Investitionen versenkt wären, von der Blamage mal ganz abgesehen.

Zwischenbilanz: Mit dem bislang in den Sandkasten investierten Geld hätte ich locker zwei günstige Carport-Bausätze kaufen können. Immerhin, der Sandkasten ist einsatzbereit, die Abdeckung verschiebbar. Ich muss nur noch drei Bretter und das Dach für das Häuschen anbringen. Wobei – schon eine Woche nach Baubeginn habe ich Sätze mit »ich muss nur noch« begonnen. Die treffendste Vervollständigung lautet inzwischen: »... lernen, Bauzeiten realistisch einzuschätzen.«

Ich prognostiziere: Bauende im Mai. Das Jahr lasse ich lieber offen.

WAS WURDE AUS ...?

Es dauerte tatsächlich noch fast ein Jahr, bis ich wirklich die letzte Schraube in die Abdeckung gedreht hatte. Zu meiner Verteidigung: Seither musste ich nicht nachbessern, keine Holzbrüche, keine Risse. Alles funktioniert so, wie es soll, inzwischen seit mehr als zwei Jahren. In den Kisten auf der Abdeckung lagert wie geplant das Spielzeug. Der Sandkasten wird regelmäßig genutzt – währenddessen wird die Abdeckung zur Spielfläche.

Und auch wenn nicht im Sand gespielt wird, erfüllt die Abdeckung ihren Zweck. Dank ihr haben wir bisher weder Laub noch Hinterlassenschaften von Tieren im Sand gefunden. Zudem bleibt der auch bei Sonne immer ein wenig feucht – das erleichtert das Sandburgenbauen doch erheblich.

Nach einiger Zeit habe ich lediglich zwei Räder ergänzt, um das Rollen der Abdeckung zu erleichtern. Denn, wenig überraschend, wiegt die etwas mehr. Aus diesem Grund hatte ich mich dafür entschieden, das Dächlein statt aus Holz aus transparentem Kunststoff zu bauen. Der wurde etwas in Mitleidenschaft gezogen, als ich vom Apfelbaum einen morschen Ast absägte, der auf das Dach fiel. Aber positiv ist zu vermerken: Auch nach diesem kleinen Malheur tut die Abdeckung immer noch wunderbar ihren Dienst.

Mit und ohne Moos nix los

Im Englischen gibt es die Formulierung »The grass is always greener on the other side«. Das ist metaphorisch gemeint, im Sinne von: Man möchte immer das haben, was der andere hat. Für mich funktioniert der Spruch auch ohne Meta-Ebene. Es ist Frühling, die Gärten erwachen aus ihrem Winterschlaf und ganz gleich, wohin ich auch schaue: Das Gras ist dort grüner.

Der Nachbar mit dem Rasenmäher-Roboter? Sein Rasen ist ein Traum in Grün.

Der Garten auf dem Weg zum Bahnhof? Sieht immer aus wie mit der Nagelschere gepflegt.

Der hübsche Vorgarten des freundlichen älteren Herrn? Den Rasen würde ich auch als Wohnzimmerteppich nicht verschmähen.

Und bei mir? Meinen Rasen gibt es seit zwei Jahren – und er gleicht eher einer Moosplantage. Wenn man von den Flecken absieht, wo Unkraut wächst. Oder den kleinen Löchern, Überbleibsel meiner Anti-Distel-Kampagne mit dem Unkrautstecher. Oder den kahlen Stellen, an denen ums Verrecken gar nichts wächst. Nachsäen und gießen, hegen und pflegen, alles für die Katz.

Ich weiß nicht viel über Rasen, aber ich weiß, dass kein Rasen dort wachsen kann, wo sich Moos ausbreitet. Zum

Glück gibt es Nachbarn, auf die man zählen kann. Meiner hat nicht nur einen Vertikutierer, sondern auch den Großmut, ihn mir zu leihen.

Vertikutieren, Moos weg, Rasen bald da, grüne Pracht allerorten. Das war der Plan. Bis »Moos weg« hat er funktioniert. (Apropos Moos: Es gibt kaum eine nervigere Arbeit, als Moosreste zusammenzuharken. Fünf Schubkarren voll.)

Von grüner Pracht kann aber keine Rede sein. Eher von grüner Hölle. Denn seit dem Vertikutieren habe ich den Eindruck, dass das Unkraut besonders gut wächst. Und überall dort, wo vorher besonders viel Moos war, ist nun besonders viel Erde zu sehen. Oder eben Unkraut. Aber kein Rasen.

Damit keine Missverständnisse aufkommen: Ich lege keinen Wert auf einen englischen Rasen. Unerreichbare Ziele machen nur unglücklich. Aber es wäre doch schön, wenn der Rasen sich dazu durchringen würde zu wachsen. Schon allein, damit sich das Mähen lohnt. Ja, ich mähe gern. Es ist eine meditative Tätigkeit. Und wenige Dinge riechen besser als frisch gemähter Rasen.

Ich denke, ich gebe der Sache noch bis 2020. Wenn der Rasen bis dahin – also fünf Jahre nach der Aussaat – noch immer so schwächelt, lass ich ihn wachsen, widme ihn offiziell zur Biosphären-Schutzfläche um und überlasse die Pflege ein paar Schafen.

WAS WURDE AUS …?

Mittelfristig hat das Vertikutieren dem Rasen vielleicht doch etwas gebracht. Wobei, »Rasen« ist vielleicht nicht ganz das richtige Wort. Aber im Garten ist inzwischen eine halbwegs geschlossene grüne Fläche entstanden. Aus der Ferne sieht sie gar nicht mal so übel aus. Man darf halt nur nicht näher kommen. Dann sieht man allerlei Pflanzen, aber relativ wenig Gras. Ich bin noch unentschlossen, wie lange ich um den Rasen, der mir vorschwebt, kämpfen soll. Von der Idee mit den Schafen bin ich indes ein wenig abgerückt, weil der Garten aufgrund ihrer Hinterlassenschaften wohl kaum mehr nutzbar wäre.

PROFI-TIPP: Was tun für einen schönen Rasen?

Wie oft mähen? Vertikutieren – oder besser nicht? Bei der Rasenpflege gibt es viele Fragen. Michael Henze kennt die Antworten. Er ist Umweltreferent beim Bundesverband Garten-, Landschafts- und Sportplatzbau.

- Bevor Sie Ihren Rasen anlegen und pflegen, fragen Sie sich: Was ist mein Ziel? Ein Zierrasen, ein gepflegter Nutzrasen? Wie sehr stören mich Gänseblümchen, Löwenzahn und Klee? Wie viel Arbeit und Geld will ich investieren?

Saat

- Verwenden Sie eine RSM (Regelsaatgutmischung), in der für verschiedene Standorte geeignete Grasarten kombiniert wurden.
- Bei der Aussaat auf die Mengenangaben achten: wie viel Saatgut pro Quadratmeter?
- Dafür Sorge tragen, dass im Rasen keine Kuhlen sind, in denen sich Wasser sammeln kann – sonst entsteht Staunässe, die der Grasnarbe schadet.

Düngen

- Ein- bis zweimal pro Saison sollten es schon sein, sehr professionell sind drei- bis viermal bei Zierrasen.
- Verwenden Sie Langzeitdünger mit den Inhaltsstoffen Stickstoff, Phosphor und Kalium.
- Als Faustregel lässt sich sagen: Zehn Gramm Stickstoff pro Quadratmeter Rasen und Jahr sind ausreichend.

Mähen

- Einmal pro Woche ist Pflicht, besonders in den wachstumsstarken Monaten. Richtung Herbst reicht auch alle 10 bis 14 Tage.
- Nie mehr als ein Drittel des Halmes abschneiden, sonst schwächt man das Gras und bietet Unkräutern ein Einfallstor.
- Darauf achten, dass die Messer des Mähers scharf sind. Stumpfe Messer fransen die Halme aus, was ein unschönes Schnittbild erzeugt und Eintrittspforten für Krankheitserreger darstellt.

Vertikutieren

- Ein- bis zweimal im Jahr, je nach Dichte des Rasenfilzes.
- Man sollte erst vertikutieren, wenn die Vegetation im Frühjahr begonnen hat.
- Nicht im hohen Gras vertikutieren, sondern vorher mähen.
- Den Vertikutierer immer längs und quer über den Rasen führen.

Wässern

- Lieber weniger häufig, aber dafür intensiv bewässern.
- Eine Orientierung sind zehn Liter Wasser pro Quadratmeter – nur so bekommen auch die Wurzeln Feuchtigkeit ab. Ansonsten macht man nur die Oberfläche nass.
- In den frühen Morgenstunden wässern, damit die Wassertropfen in der Sonne auf dem Gras nicht wie Brenngläser wirken.

Unkraut

- Regelmäßiges und häufiges Mähen fördert das Graswachstum und schadet Unkräutern.
- Für größere Unkrautpflanzen empfiehlt sich die mechanische Entfernung mit einem Unkrautstecher.
- Zurückhaltung ist bei Herbiziden geboten – Gänseblümchen etwa schränken den Rasen ja nicht in seiner Funktion ein.

Professionelle Landschaftsgärtner helfen bei der Planung, Neuanlage und Pflege des Rasens.

Der Rasenmäher ist die bessere Harke

Die großen Menschheitsfragen lauten: Wer bin ich? Woher komme ich? Wohin gehe ich? Und: Warum fällt das Laub im Herbst nicht in den Nachbargarten? Letzteres ist mir schon diverse Male in den Sinn gekommen, wenn ich mich bei der Laubbeseitigung wie der Garten-Sisyphus fühlte: Immer wenn man gerade das Gefühl hat, die ganzen Blätter sind weg, kommt der Herbst, und die Arbeit geht wieder von vorne los.

Es gibt kein Entrinnen. Bestenfalls kann man versuchen, den Kampf mit dem Laub effektiver zu führen. Aber wie? Im Dienste der Menschheit (okay, der Leute, die sich im Garten mit Laub rumplagen) habe ich versucht, das herauszufinden – und getestet, wie sich Laub am besten aufsammeln lässt. Nach streng subjektiven und unwissenschaftlichen Kriterien, versteht sich. Ich bin schließlich nicht die Stiftung Warentest.

Der Versuchsaufbau

Im Garten habe ich eine Fläche von 100 Quadratmetern abgesteckt und 45 Kilo Laub, verteilt auf vier Säcke, eingesammelt. Je zwei Säcke habe ich halbwegs gleichmäßig auf meinem Testfeld verteilt und anschließend in drei

Durchgängen eingesammelt: mit der Harke, dem Rasenmäher und dem Laubsauger.

Ich gebe zu, die Versuchsanordnung hatte ein paar Schwächen. Nicht zuletzt die, dass ich unter fast zu guten Bedingungen gearbeitet habe: Die Testfläche ist eben, der Rasen war kurz, es gab weder Regen noch Wind. Und auch keinen Schnee.

Der grundlegende Fehler war allerdings, dass kein halbwegs vernünftiger Mensch eine Testfläche von 100 Quadratmetern genommen hätte, sondern von maximal 20. Nun ja. Diese Erkenntnis ist mir erst nach dem ersten Durchgang mit der Harke gekommen, und da war es zu spät.

Die Geräte

Harke: der Klassiker. Umweltfreundlich, leise, wartungsarm. Aber auch uncool (kein Motor, keine Räder) und vergleichsweise anstrengend.

Rasenmäher: laut, vergleichsweise unhandlich. Dafür ist das Laub gleich kleingeschreddert und im Fangkorb. Und für Mäh-Enthusiasten wie mich bietet die Methode die Gelegenheit, die Saison bis weit in den Herbst hinein zu verlängern. Auch wenn es Leute geben soll, die das nicht so gut finden.

Laubsauger: noch lauter, schreddert auch, die Laubfetzen landen im Fangsack. Dennoch das ungeliebte Kind unter den Gartenmaschinen. Wenn alle Gartengeräte in der Schule wären und Zeugnisse bekämen, wäre der Laubsauger (beziehungsweise -bläser) das Problemkind: Betragen ungenügend, macht Krach, stört den Unterricht, produziert nichts als heiße Luft. Dabei will er doch nur dazugehören.

Ein missverstandenes Gerät. Und mit Mütze fand ich den Geräuschpegel allemal auszuhalten.

Der Test

Ich hatte mal ein Kinderbuch, in dem sich Flugzeug, Auto, Zug, Fahrrad und Fußgänger ein Wettrennen lieferten. Das Fahrrad gewann, weil es sich selbstverständlich um ein Energiesparrennen handelte. Mir als beeinflussbarem Kind sollte wohl eingebläut werden, dass die offensichtliche Antwort nicht immer die richtige sein muss.

Genau das gilt auch für die Laubbeseitigung. Wer da denkt, die beste Option gefunden zu haben, sollte sich nicht zu sicher sein. Wenn man nach der Zeit geht, führt kein Weg am Rasenmäher vorbei. Ich war nach knapp 14 Minuten fertig, vier Minuten weniger als mit der Harke – und weniger als halb so lang wie mit dem Laubsauger (32 Minuten).

Andererseits blieb bei der Laubsaugerrunde quasi nichts liegen, auch Bucheckern und kleinere Zweige wurden aufgesaugt. Das konnte man beim Rasenmäher nicht behaupten. Der seitliche Auswurf war beträchtlich. Und mit der Harke müsste man den Rasen schon zehnmal durchkämmen, bis auch wirklich das letzte Blättchen weg wäre – vor allem, weil das Laub nach dem Harken noch nicht im Sack ist, sondern nur auf einem Haufen liegt. Und das Befüllen der Säcke ist das Nervigste an der ganzen Aktion.

Außerdem war das Harken mit Abstand am anstrengendsten. Nicht, dass ich hinterher groggy gewesen wäre. Aber so, dass ich als Büroarbeiter zumindest das Gefühl hatte, körperlich etwas geleistet zu haben.

Das Fazit

Sie strengen sich gerne etwas an und legen Wert auf Umweltfreundlichkeit? Die Harke ist das Gerät Ihrer Wahl.

Sie wollen schnell sein und sind nicht allzu pingelig? Starten Sie den Rasenmäher.

Sie mögen es akkurat und haben viel Zeit? Greifen Sie zum Laubsauger.

Machen Sie, was Sie wollen. Womöglich wäre eine Kombilösung eine Möglichkeit. Laub zusammenharken, den Haufen mit dem Rasenmäher einsammeln und die Reste aufsaugen – das Beste aus allen Welten vereint. Mein persönliches Fazit lautet indes: Nie mehr verteile ich auf einer frisch geharkten Fläche freiwillig wieder Laub.

Die Grill-Garage

Wie hatte ich mich gefreut, als mir meine Freundin nach Jahren des Elektrogrillens auf dem Balkon eine Feuerschale samt Grillrost am Schwenkarm zum Geburtstag schenkte. Endlich im Rauch auf dem Rasen stehen, endlich abends Lagerfeuer machen, endlich kein Spott mehr von Freunden und Nachbarn übers Wasserauffangbecken für Fett und Hantieren mit Verlängerungskabel.

Meiner Erfahrung nach verhält es sich mit Elektro- und Kohlegrills wie mit Elektroautos und Wagen mit Verbrennungsmotor: Erstere haben vielleicht das umweltfreundlichere Image, Stichwort emissionsfrei. Aber im Zweifel setzt man sich doch lieber in den fetten V8, beziehungsweise legt die Würstchen auf den Kohlegrill.

Mit dem neuen Grill könnte ich theoretisch eine komplette Fußballmannschaft versorgen. Deshalb nahm ich es in Kauf, dass die Feuerschale unhandlich ist und eigentlich immer im Weg herumstand – im Garten störte sie beim Mähen, im Schuppen beim Basteln und Aufräumen.

Der erste Regenguss trübte die Freude zusätzlich. Der Grill stand draußen. Hinterher stand ich vor einem Sumpf aus Regenwasser, Asche und verkohlten Würstchen (ja, mir sind welche durchs Grillrost gerutscht, an den Abstand zwischen den Stäben muss ich mich erst gewöhnen).

Einfach ein Loch reinbohren, dann läuft die Suppe von allein ab, sagte mir mein Heimwerkerinstinkt. Irrtum, sagte der Schwager: »Damit die Pampe vernünftig abfließt, müsstest du das Ding durchlöchern wie einen Schweizer Käse.« Bohren war also keine Lösung.

Eine aus Holzresten ausgesägte (und mit Teichfolie überzogene) Platte bot zwar einen gewissen Schutz, aber sie machte den Grill nicht leichter und noch sperriger. Eine unbefriedigende Situation. Bis ich die Idee mit der Kiste als Grill-Garage hatte. Nicht gerade nobelpreisverdächtig, aber immerhin würde sie nicht nur meine Grill-Probleme lösen, sondern im Vorbeigehen auch einen Schandfleck beseitigen: Im Garten schauen zwei dicke Rohre aus dem Boden, Revisionsstutzen für den Sickerschacht. Die sehen hässlich aus und werden schnell überwuchert, das ist unglaublich nervig beim Mähen. Die Kiste würde sie verschwinden lassen und Stauraum für die Feuerschale bieten.

Aus dem Abstand der Stutzen ergab sich, dass die Kiste mindestens 1,50 Meter lang sein musste. Und aus den Maßen der Feuerschale (40 Zentimeter hoch, 80 Zentimeter Durchmesser) folgte, dass ein Meter Breite und knapp 50 Zentimeter Höhe notwendig waren. Macht rund einen dreiviertel Kubikmeter Stauraum für Feuerschale, Schwenkarm, Grillrost und Abdeckplatte.

Wegen meiner Abneigung gegen das Streichen kaufte ich einen Haufen Bretter aus WPC, einem Holz-Kunststoff-Gemisch – in der Hoffnung, die Kiste möge auch ohne Behandlung viele Jahre halten. Außerdem:

- Ein paar alte Latten und Balken für das Innengerüst

- Vier Pfostenträger
- Ein Eimerchen rostfreie Schrauben
- Zwei Scharniere, die ich beim Anlegen des Gartens im Gebüsch gefunden hatte; leicht verrostet, aber noch gut zu gebrauchen. Ein bisschen WD 40 und sie waren wie neu
- Vier Beton-Pflanzringe fürs Fundament
- Ein bisschen Beton extra
- Zwei Ketten samt Halterung, um zu verhindern, dass die (gefühlt zentnerschwere) Klappe nach hinten fällt und Kind, Hund oder sonst irgendjemanden erschlägt

Was soll ich sagen? Irgendwie habe ich es tatsächlich geschafft, die Kiste waagerecht aufzustellen, und der Grill passt tatsächlich rein! Man könnte ihn sogar draufstellen, dann wäre der Rost direkt in Hüfthöhe, nie mehr nach den Steaks bücken. Dazu müsste freilich der Deckel hitzebeständig sein. Das nächste Projekt naht.

WAS WURDE AUS …?

Die Grill-Garage hat inzwischen zwei Sommer und zwei Winter hinter sich. Sie hat sich bewährt. Der Grill lässt sich entspannt herausnehmen und hineinstellen, Platz genug für das Zubehör ist ohnehin. Die Kiste verhindert, dass die Feuerschale mit Wasser vollläuft. Und sie verhindert, dass der Wind die Asche im Garten verteilt.

Bislang habe ich die Kiste noch nicht als Podest für den Grill benutzt. Er entwickelt so viel Hitze, dass ich tatsächlich Angst hätte, der Kistendeckel könnte wegschmoren. Und ich weiß nicht, wie ich ihn hitzebeständig machen sollte, ohne allzu viel Gewicht hinzuzufügen. Denn schwer genug ist er schon.

Das Gewicht hat sich nachträglich noch als gewisses Problem herausgestellt. Weil ich zu geizig war, für die Befestigung der Scharniere extra Schrauben zu kaufen, habe ich Restposten verbaut. Das rächte sich nach einiger Zeit. An einem Scharnier verbogen die Schrauben unter dem Gewicht des Deckels. Man kann die Kiste immer noch öffnen und schließen, aber auf Dauer wird sich eine Reparatur nicht vermeiden lassen. Dann werde ich stabilere Schrauben kaufen, garantiert.

Er rollt und rollt und rollt

In einer »Gesägt, getan«-Folge ließ ich meine Leser entscheiden: Sollte ich ein Podest für meine Regentonnen oder einen fahrbaren Sonnenschirmständer bauen? Das Podest gewann.

Die Idee mit dem fahrbaren Schirmständer ließ mich dennoch nicht los. Denn das Dumme an der Sonne ist ja, dass sie ständig von woanders scheint. Wir haben zwar einen verstellbaren Ampelschirm, der auch bei tiefstehender Sonne hilft. Aber wenn sie von Osten kommt, bringt es gar nichts, wenn der Schirm im Westen steht, und wenn er sich dort noch so wunderbar verstellen lässt.

Mit einem fahrbaren Schirmständer, so mein Gedanke, ließe sich der Schirm immer dorthin fahren, wo er gerade gebraucht wird. Zum Terrassentisch. Zum Planschbecken. Zur Gartenliege. Und er ließe sich ideal so einstellen, dass der Schattenwurf genau den Wünschen entspräche.

Dafür müsste der Ständer aber ein paar Bedingungen erfüllen:

- Er müsste stabil genug sein, um Schirm plus Betonplatten zur Beschwerung zu tragen. Ein Schirmständer ohne Standfestigkeit wäre sinnlos.
- Er müsste so leicht rollen, dass er sich ohne große

Kraftanstrengung an den gewünschten Ort ziehen oder schieben ließe.

- Er dürfte wenig bis gar nichts kosten. Schließlich würde sich erst nach Fertigstellung zeigen, ob er funktioniert. Und für eine eventuelle Fehlkonstruktion wollte ich nicht viel Geld ausgeben.

Zum Glück hatte ich vom Podestbau noch vier Balkenstücke übrig und beim Discounter gab es eines Tages einen Vierersatz Schwerlastrollen für ein paar Euro im Angebot. Zusammen mit einem bisschen Restholz und Farbe, die ich auch noch im Schuppen hatte, war das Baumaterial beisammen.

Die Balken für den Rahmen sägte ich so zurecht, dass das Unterteil des Schirmes und die Betonplatten nicht wegrutschen konnten. In die Mitte des Rahmens schraubte ich ein Kreuz aus Restholz, um für Schirmständer und Betonplatten eine Auflagefläche zu haben. Rollen drunter, fertig.

Der Zusammenbau lief problemlos. Aber würde das Holzgestell das Gewicht halten? Um das zu testen, nahm ich eines Abends ein paar Schritte Anlauf und fuhr mit dem Teil wie auf einem Skateboard über den Hof. Die Nachbarn wurden so unfreiwillig Zeugen meiner ersten Fahrversuche. Wenn das Ding mich trägt, dachte ich, sollte es doch auch den Schirm plus Platten tragen können.

Den Fahrtest bestand das Gestell mit Bravour. Aber würde es sich auch ohne Kraftanstrengung bewegen lassen, wenn Schirm und Platten darauf waren? Um es kurz zu machen (Trommelwirbel, Fanfare, Konfettikanone): Ja, es klappt! Selbst mit einer Hand lässt sich meine Erfindung mühelos durch die Gegend schieben und steht stabil.

Es ist unfassbar. Ein Sonnenschirmständer, zusammengeschraubt aus Holzresten, gestrichen mit Farbresten, mobil gemacht mit Discounterrollen, funktioniert exakt wie gewünscht. Das Ding wird keinen Designpreis gewinnen, aber ich habe etwas Praktisches gebaut. Die warmen Tage auf der Terrasse werden nun deutlich angenehmer. Und falls mir irgendwas nicht passt, nehme ich das Gestell und rolle ganz entspannt von dannen.

Hässlich, aber praktisch

Im Leben rächt es sich meist, wenn man die Dinge nicht zu Ende denkt. Wie müde bin ich morgen im Büro, wenn ich heute Abend das Spiel anschaue? Wie wird das Verhältnis zur Schwiegermutter sein, wenn ich ihr sage, dass Socken nicht mein Lieblingsgeschenk sind? Ist es wirklich eine gute Idee, drei Kilo Kirschen zu essen?

Beim Heimwerken verhält es sich ähnlich. Die Tragweite mancher Entscheidungen zeigt sich oft mit Verzögerung, manchmal erst nach Monaten oder Jahren. Das musste ich beispielsweise erfahren, als ich mich eines schwülen Spätsommertages in einer miefenden Pampe aus Gras, Blättern und Biomüll wiederfand, beim Bau eines Komposters. Wobei das ein ziemlich großes Wort für den Bretterverschlag ist, der so letztlich entstand.

Aber der Reihe nach: Der erste Rasen im neuen Garten war eingesät, es konnte nicht mehr lange bis zum ersten Mähen dauern. Irgendwann dämmerte es mir, dass der Rasenschnitt nicht magischerweise verschwinden würde. Ich stand vor der Wahl, entweder ständig zum Gartenabfallplatz fahren oder einen Komposter besorgen.

Jeder Besuch des Gartenabfallplatzes kostet Geld, und außerdem malte ich mir aus, was ich alles Tolles mit der wunderbaren Erde aus dem Komposthaufen anstellen würde. Vor meinem geistigen Auge entstanden Bio-Beete, bekamen Verwandte säckeweise hausgemachte Blumenerde. Also fuhr ich in den Baumarkt und kaufte einen Komposter, ein paar Brettchen zum Zusammenstecken.

Die Flitterwochen-Phase hielt nicht lange an. Rasenschnitt, Obstreste, verblühte Blumen – was auch immer ich in das Teil kippte, blieb einfach nur liegen. Von einer Verwandlung in Erde keine Spur. Dafür war der Gestank beträchtlich.

Um dem Mief zu entgehen, brachte ich den Komposter in die Ecke des Gartens, die am weitesten vom Haus entfernt ist. Und weil er sich als viel zu klein erwiesen hatte, stellte ich drei weitere Bretterverschläge auf. So viel Volumen sollte doch locker für Gras, Laub und den restlichen Kleinkram ausreichen, dachte ich.

Zwei Sommer später wusste ich es besser. Auf den Komposthaufen türmte sich der Grasschnitt. Das war nicht nur unpraktisch, sondern auch hässlich. Ein neues, besseres Kompostsystem musste her. Mein Plan war simpel: Die Ecke im Garten war ohnehin schon von zwei Seiten vom Holzzaun begrenzt. Mit ein paar Brettern, Latten und Schrauben die beiden anderen Seiten einfassen, fertig. Geringer Materialaufwand, günstig und schnell zu bauen. Zwei, drei Stunden maximal.

Leider hatte ich die Sache nicht zu Ende gedacht. Mitten auf der Baustelle standen ja die vier alten Komposthaufen. Allein um die komplett wegzuräumen, hätte ich schon mehr als drei Stunden gebraucht. Also ließ ich sie stehen und versuchte, quasi um sie herum zu bauen. Es war, als müsste ich während der Fahrt einen Reifenwechsel machen.

Egal, was ich vorhatte, immer waren die alten Komposter oder deren Inhalt im Weg.

Um ein bisschen Platz zum Arbeiten zu schaffen, wusste ich mir nicht anders zu helfen, als zwei Schubkarren Kompost auf den Grünstreifen neben der Straße zu kippen. Und dennoch krabbelte mir beim Sägen allerlei Getier in Hose und Schuhe. Ich habe für dieses Leben jedenfalls genug Kellerasseln gesehen. Und Mücken finden Kompost offenbar auch ganz dufte. Wenn ich nicht Insekten verscheuchte, konnte ich kaum eine Schraube versenken, ohne mit Hintern oder Kopf gegen die Reste der alten Kompostsysteme oder deren Inhalt zu stoßen. Der Schraubeneimer fiel mehrmals in der Pampe um. Die Luft wurde immer schwüler.

Auch wenn ich damals nicht darüber lachen konnte: Der Sache wohnte eine gewisse Ironie inne. Solange der neue Komposter noch nicht stand, behinderten mich die alten beim Aufbau. Und als er stand, behinderte er mich beim Abbau der alten. Wenn ein Bau so vermurkst ist, kann das Ergebnis nicht doll werden. Nachdem ich die letzte Schraube eingedreht hatte, ging ich ein paar Schritte zurück, betrachtete mein Werk und fühlte mich an einen Schokoriegel erinnert: Ich präsentiere den wahrscheinlich hässlichsten Komposthaufen der Welt. Alles krumm und schief.

Statt vier Einzelkomposter aus dem Baumarkt habe ich nun einen großen Bretterverschlag im Garten. Ich bezweifle, dass ein Anstrich das Ding hübscher machen würde. Aber immerhin: Der Kompost Marke Eigenbau ist praktisch. Er bietet mehr Platz als die vier alten, die Fahrten zum Grünplatz sollten also deutlich seltener werden. Er ist unterteilt, sodass das Umschichten leichter geht. Und im Zweifelsfall lässt er sich leicht abbauen, sollte mir irgendwann mal eine bessere Variante einfallen.

Da lässt sich leichter verschmerzen, dass er hässlich ist.

Aus den Fugen geraten

An der Universität von Queensland gibt es einen denkwürdigen Versuchsaufbau. Im sogenannten Pechtropfenexperiment soll nachgewiesen werden, dass Pech sich wie eine Flüssigkeit verhält, obwohl es sich wie ein Feststoff anfühlt. Weil Pech eher die Schnecke als der Gepard unter den Substanzen ist, dauert dieses Experiment schon rekordverdächtig lange. Es begann 1927. Seither tropfte das Pech nur neun Mal aus einem Glastrichter – die Uni gibt auf ihrer Website an, bis zu Tropfen Nummer zehn könne es nur noch 14 Jahre oder so dauern.

Sollte es stimmen, dass Erkenntnis Zeit braucht, dann ist das Pechtropfenexperiment das beste Beispiel. Womit wir bei einem kleinen Langzeitexperiment wären, mit dem ich eine weitere große – okay, eher kleine – Menschheitsfrage klären wollte. Auch ich als Heimwerker will meinen Beitrag zum Erkenntnisgewinn leisten. Und zwar, indem ich herausfinde, ob Fugensand gegen Unkraut sinnvoll oder schwachsinnig ist.

Zugegeben, mein Versuch dauerte nicht ganz so lang wie die Sache mit dem Pechtropfen, aber immerhin fast ein Jahr. Ich habe einen Holzrahmen mit zwei Fächern gebaut und in jedes davon jeweils acht Pflastersteine gelegt. Die Fugen auf der linken Seite habe ich mit normalem Sand gefüllt, wie er üblicherweise verwendet wird. Auf der rechten Seite habe ich Fugensand genommen.

Die Frage lautete: Auf welcher Seite gibt es weniger Moos in den Fugen, wo sprießt das Unkraut spärlicher, welcher Sand hält die Fugen pflanzenfrei? Die Steine lagen in meinem Garten, derselben Kombination aus Pollen, Samen, Staub, Regen und Rasenfetzen ausgesetzt wie normales Pflaster auch.

Dann begann die Wartezeit. Im Unterschied zum Pech-Experiment in Australien wäre es mir ganz recht gewesen, wenn einfach gar nichts passiert wäre: Ich hoffte, meine Testpflasterfläche würde einfach pflanzenfrei bleiben. Manchmal ist es doch auch einfach schön, wenn gar nichts passiert. Wenn der aktuelle (unkrautfreie) Zustand einfach anhält.

Die Forscher in Australien mussten oft mehr als ein Jahrzehnt warten, bis sie wieder den Fall eines Tropfens feiern konnten. Ich brauchte nur wenige Monate, bis ich mich über das erste Unkraut in den Pflasterfugen ärgern durfte. Und zwar auf beiden Seiten. Allerdings war links – beim normalen Sand – nur ein klitzekleines Pflänzchen zu sehen, während rechts – beim Fugensand – schon einige Halme sprossen. Wenn mein kleines Experiment also irgendeine Aussagekraft hat, dann bringt Fugensand keinen Mehrwert.

Ich habe jedenfalls beschlossen, statt in Fugensand lieber in einen vernünftigen Fugenkratzer und ein Abflammgerät zu investieren. Und deshalb sage ich, mit besten Grüßen an die australischen Forscher und ihr Langzeitexperiment: Mit dem Fugensand habe ich wirklich Pech gehabt.

Wann ist endlich Kirschentag?

Vor ein paar Jahren war ich auf der dänischen Insel Ærø im Urlaub. Sie liegt in der südlichen Ostsee und hat ein für dänische Verhältnisse mildes Klima. Apfelbäume wachsen dort gut. Man kann es auf Ærø quasi kaum vermeiden, Äpfel zu essen. Sie werden einem von der Natur und den Bewohnern geradezu aufgedrängt. Auf Spaziergängen haben uns wildfremde Leute welche angeboten. Deshalb brachten wir einen kleinen Apfelbaum als Souvenir mit. So einer fehlte uns noch für den Garten.

Inzwischen kann der Gärtner, bei dem wir den Baum gekauft haben, froh sein, dass Ærø nur per Schiff oder Hubschrauber zu erreichen ist. Wenn es eine Autobrücke gäbe, würde ich hinfahren und fragen, ob er mich veräppeln wollte.

Es ist ein hübscher Baum, keine Frage. Schön gewachsen, saftig-grüne Blatter. Nur trägt er keine Äpfel. Ich komme mir vor wie jemand, der ein richtig schickes Auto gekauft hat – nur um dann festzustellen, dass die Karre nicht fährt. Über diesen Mangel können auch die schickste Lackierung und die nobelste Innenausstattung nicht hinwegtäuschen.

Spätestens im Jahr zwei nach dem Einpflanzen, so hatte es der dänische Gärtner damals gesagt, würden wir die ersten Äpfel am Baum sehen. Inzwischen ist Jahr drei nach der Pflanzung vergangen. Von Äpfeln oder auch nur einer Apfelblüte keine Spur.

Es ist so frustrierend. Mit dem eigenen Garten sollte die Zeit des Supermarktobstes eigentlich vorbei sein. Das war der Plan. Frohgemut pflanzte ich also zwei Bäume: den Apfel- und einen Kirschbaum. Die Ausbeute beim Kirschbaum ist jedoch kaum besser als beim Apfelbaum. Die Gesamternte aus drei Jahren: ein kleines Schälchen voll. Dabei schien die Lage so günstig, in den Nachbargärten stehen mehrere ertragreiche Kirschbäume. Die wechselseitige Befruchtung sollte da doch kein Problem sein.

Inzwischen bin ich mir ziemlich sicher, dass die Vögel schon deutlich mehr Kirschen von meinem Baum gegessen haben als ich. Und hören Sie mir bloß auf mit Vogelnetzen. Schon als der Kirschbaum noch nicht einmal so groß war wie ich, war es quasi ein Ding der Unmöglichkeit, ihn damit zu schützen. Von dem Geld, das ich für die Kabelbinder zur Befestigung des Netzes ausgab, hätte ich mir gut eine große Tüte Kirschen kaufen können.

In einem Sommer habe ich das Netz bestimmt fünfmal neu angebracht, weil sich immer wieder irgendwo anders ein riesiges Loch aufgetan hatte. Und man kann den Baum mit dem Netz ja auch nicht so eng einwickeln wie einen Fisch in einer alten Zeitung. Sonst haben die Äste keinen Platz zu wachsen.

Ich bin noch nicht so weit, Säge und Axt zu holen und dem Obstbaum-Elend ein Ende zu setzen. Zwei, drei Jahre werde ich den Bäumchen noch geben. Sie sind ja schließlich hübsch anzuschauen. Aber meine Geduld hat Grenzen. Wenn es nur ums hübsche Aussehen gegangen wäre, hätte ich schließlich auch eine Magnolie oder einen Blutahorn pflanzen können. Aber mir ging es bei der Baumauswahl ja auch um den symbolischen Wert: Wie beim berühmten Gedicht von Herrn Ribbeck zu Ribbeck im Havelland, der auch nach seinem Ableben den örtlichen Kindern als Birnenlieferant diente. Mir gefiel der Gedanke, dass Apfel- und Kirschbaum deutlich länger da sein würden als ich. Einmal gepflanzt und etwas geschaffen, das die Generationen überdauert. Aber momentan steht zu befürchten, dass ich bestenfalls eine Brennholz-Plantage angelegt habe.

Zwei Dinge geben mir Hoffnung. Der Kirschbaum hat ja immerhin schon mal bewiesen, dass er Früchte tragen kann. Und was das Apfelbäumchen angeht: Neulich musste ich an den Gärtner aus Dänemark denken und fragte mich, ob er mir damals im Urlaub wirklich Quatsch erzählt hat. Nee, entschied ich – und dachte an einen Klassiker von Otto Waalkes: Dänen lügen nicht.

PROFI-TIPP: Was ist bei Obstbäumen im Garten zu beachten?

Jörg Disselborg ist Chefredakteur der Fachzeitschrift »Obstbau«. Er rät Hobbygärtnern bei der Wahl ihrer Obstbäume dazu, sich vor dem Kauf in einer Baumschule genau beraten zu lassen, damit sich hinterher auch der gewünschte

Anbauerfolg einstellt. Dabei gilt es, besonders auf die Wurzel zu achten, auf die der Baum veredelt wird. Denn sie entscheidet darüber, wie groß die Bäume hinterher im Garten werden.

Wer sich für einen Kirschbaum entscheidet, sollte einiges beachten. Disselborg rät:

- Die Nachbarschaft mindestens eines weiteren Kirschbaumes einer anderen Sorte ist zwingend. Welche Sorten zusammenpassen, verrät eine Befruchtungstabelle, die jede qualifizierte Baumschule zur Hand hat. Falls Sie also keinen anderen Kirschbaum im Umfeld haben: Pflanzen Sie zwei oder lassen Sie es sein.
- Wer gierigen Vögeln Paroli bieten möchte: Vogelnetze schaden dem Baum nicht, sollten aber erst benutzt werden, wenn die Früchte anfangen, Farbe zu zeigen – und nach der Ernte schnell wieder abgenommen werden.
- Den Rückschnitt gleich nach der Ernte durchführen – und nicht jedes Jahr schnippeln, sondern lieber alle paar Jahre etwas mehr.

Wer es mehr mit den Apfelbäumen hat, dem rät der Fachmann:

- Auch Apfelbäume tragen nur dann Früchte, wenn die passenden Sorten nebeneinander stehen. Die Baumschule hilft bei der Sortenwahl.
- Um dem Wechsel ertragreicher und -armer Jahre zu

entgehen (vom Fachmann »Alternanz« genannt), sollten Sie in ertragreichen Jahren frühzeitig, am besten gleich nach der Blüte, überzählige Äpfel vom Baum nehmen.

- Beim Schnitt darauf achten, dass die Früchte eher am zwei- und dreijährigen Holz hängen. Bei Hochstämmen sollte daher in den ersten Jahren sehr zurückhaltend geschnitten werden. Kleinere Baumformen hingegen brauchen einen kräftigeren Schnitt, damit sie vital bleiben.

Für jeden Obstbaum gilt: Je sonniger sein Standort, desto besser. Und von chemischen Pflanzenschutzmitteln rät Disselborg ganz ab: »Die haben im Hobbygarten nichts zu suchen. Setzen Sie lieber auf robuste Sorten!«

Klare Kante

Was würden Sie tun, wenn eines Tages eine Fee auftauchte und anböte, die Zeit in Ihrem Leben beliebig weit zurückzudrehen? Würden Sie annehmen – und alles anders machen? Würden Sie einen anderen Beruf erlernen? Vielleicht auswandern? Viel früher heiraten? Oder viel später? Oder gar nicht?

Ich glaube, ich würde das Angebot der Fee ausschlagen. Ich weiß nicht, worüber das mehr aussagt, über mein Leben oder meine Wünsche. Mir fällt einfach wenig ein, das ich bereue. Wenn überhaupt, würde ich die Fee bitten, nur bei einer Sache die Zeit zurückzudrehen: bei meinem Garten.

Alles anders machen will ich gar nicht. Ich mag, wo die Terrasse ist, wo die Bäume und Sträucher stehen. Die Hecke gefällt mir. Selbst mit meinem Rasen kann ich leben. Und dennoch würde ich klaglos noch einmal neu einsäen, wenn ich dafür Mähkanten hätte. Ich träume von Mähkanten an allen Gartengrenzen, um jeden Baum, Strauch, an jedem Zaun und jedem gepflasterten Gartenweg entlang. Mähkanten – flache Steine, um die Rasenfläche klar zu begrenzen und das Mähen an diesen Übergangsstellen zu erleichtern – sind eine der besseren Erfindungen (und eine der unterschätztesten) der Menschheit.

Wieso, fragen Sie? Mähkanten schaffen Klarheit und Ordnung. Sie geben vor: Auf dieser Seite ist Rasen, auf jener Seite ist etwas anderes. Vor allem aber kann man mit dem Rasenmäher darüberfahren und erwischt damit sicher alles Gras, das es zu mähen gilt.

Bislang ist bei mir die Arbeit erst halb getan, wenn ich den Mäher abstelle. Dann beginnt der nervige Teil. Mit dem Rasentrimmer muss ich nacharbeiten. Eng entlang an Zäunen und der Terrasse etwa, rund um Bäume oder unter Sträuchern. Dort überall wächst Gras, das der Rasenmäher nicht erwischt – weil es keine Mähkanten gibt. Es ist, als ob man die Spülmaschine ausräumt und feststellt, dass die Hälfte der Teller und Gläser dreckig geblieben ist und per Hand gespült werden muss.

Bei jedem Mähen habe ich mich besonders über den Wildwuchs rund um meine Grill-Garage geärgert – die große Kiste im Garten, in der ich die Feuerschale für den Grill aufbewahre. Die Erde fiel Richtung Kiste etwas ab. Jedes Mal beim Rasenmähen stand der Mäher aufgrund dieses Höhenunterschiedes schräg und touchierte mit dem Messer den Boden. Und direkt an der Kiste wucherte allerlei Gras und Unkraut.

Schluss damit!, dachte ich eines Tages. Die Kiste würde mein erster Schritt auf dem Weg zu einem mähkantentechnisch perfekten Garten sein. Ich habe mir Erde, Unkrautvlies, Mähkantensteine und Sand besorgt. Vom Gedanken, mit Beton zu arbeiten, bin ich abgerückt. Wenn da etwas schiefgegangen wäre, hätte ich riesige Betonklumpen im Garten gehabt – äußerst mühselig zu entfernen. Stattdessen überlegte ich mir eine andere Methode: Untergrund auffüllen, Vlies darüber, Stein drauf, festklopfen, Lage kontrollieren, nächster Stein. Keine große Sache, insgesamt waren schließlich nicht einmal 30 Steine zu legen.

Viel mehr hätten es aber auch nicht sein dürfen. Durchschnittlich habe ich jeden Stein etwa dreimal hingelegt und wieder weggenommen, bevor er seinen endgültigen Platz fand. Von den Steinen mal abgesehen, die beim Festklopfen splitterten und ersetzt werden mussten. Als weitere Projektbremse erwiesen sich die Ecken. Hier musste ich immer zwei Steine mit der Flex abschneiden und kleinere Teile entfernen, um die Mähkante genau der Kontur der Kiste anzupassen. Auch bei dieser Arbeit war der Ausschuss beträchtlich.

Und dennoch: Stein um Stein wuchs die Kante um die Kiste. Nach gut zwei Stunden war sie fertig. Auf einmal flutschte es. Der Sand war in Minuten in die Fugen gefegt.

Und der Höhenunterschied zwischen den Steinen und dem Rasen war schnell mit Erde ausgeglichen. Endlich fällt das Gelände nicht mehr Richtung Kiste ab – keine Gefahr mehr, dass das Rasenmähermesser am Boden kratzt. Künftig soll es nur den Rasen zu fassen kriegen, den ich eingesät habe. Wenn er gut gewachsen ist, unterziehe ich die Mähkante ihrer ersten Bewährungsprobe. Wenn sie danach aussehen sollte wie Kraut und Rüben, hatte die Aktion wenigstens etwas Gutes: Alles lässt sich rückstandslos entfernen. Falls es so weit kommt, überlege ich mir das mit dem Beton noch mal.

Baustoff

Achtung Rutschgefahr

Vom früheren Bundeskanzler Helmut Kohl ist der Spruch überliefert: »Entscheidend ist, was hinten rauskommt.« Diese Aussage hat Kohl reichlich Spott eingebracht. Okay, man hätte es vielleicht eleganter formulieren können. Aber der Satz hat eine wichtige Botschaft: Das Ergebnis zählt, man muss die Dinge zu Ende denken, sonst kommt man womöglich in die Bredouille.

Als Heimwerker spreche ich aus leidvoller Erfahrung. Vor einiger Zeit fand ich mich in einer Art Kettenreaktion gefangen, bei der ich mich schließlich gezwungen sah, eine Antwort auf die Frage zu finden: Wie verhindere ich, dass mir Erdreich in meinen Sickerschacht rutscht?

Um das zu erklären, muss ich etwas weiter ausholen. Alles begann mit einem Glücksgefühl. Wie happy war ich, als ich einen Schuppen bekam! Endlich Platz für die Gartengeräte, endlich ein Ort zum Werkeln. Der Schuppen hat, wer hätte es gedacht, ein Dach. Wenn es regnet, wer hätte es gedacht, fließt das Wasser, das ohne Schuppen einfach in der Fläche versickerte, nun gesammelt ab. Es bedurfte also, wer hätte es gedacht, einer Möglichkeit, das Regenwasser loszuwerden.

Ein paar Regentonnen reichten nicht. Zwei starke Regengüsse und sie waren voll. Ein Sickerschacht neben dem Schuppen am Rand des Gartens musste her. Ich hob eine Grube von 2 mal 0,8 mal 0,3 Metern aus.

Aktueller Stand der Kettenreaktion: Schuppen führt zu Regenwasser-Ableitung führt zu Sickerschacht.

Mir war schnell klar, dass ich die Wände des Schachtes irgendwie absichern musste, wenn ich verhindern wollte, dass neue Erde nachrutscht. Womit wir bei der Ausgangsfrage wären. Weil eine schnelle Lösung gefragt war, schichtete ich einfach Klinkersteine aufeinander. Um den Schacht nicht zur Stolperfalle werden zu lassen, schraubte ich aus alten Latten und halb vermoderten Brettern eine notdürftige Abdeckung zusammen.

Schuppen führt zu Regenwasser-Ableitung führt zu Sickerschacht führt zu Sickerschacht-Mauer.

Besonders viel Vertrauen hatte ich nicht in meine Klinkerstein-Mauer. Außerdem fand ich die Steine zu schade für diesen Zweck. Nach mehreren Wolkenbrüchen musste ich feststellen, dass der Schacht durchaus noch ein wenig mehr Volumen vertragen konnte. Vor allem, um dem Wasser Gelegenheit zu geben, sich auf mehr Fläche zu verteilen und einzusickern. Ich sah die Notwendigkeit, die Grube zu vergrößern.

Schuppen führt zu Regenwasser-Ableitung führt zu Sickerschacht führt zu Sickerschacht-Mauer führt zu Sickerschacht-Ausbau.

Ich dachte an Helmut Kohl, der mir sagte: Du wolltest einen Schuppen, und was hinten rauskommt, ist ein Haufen Arbeit mit einem Sickerschacht.

Wenn ich mir diese Arbeit schon nicht ersparen konnte, wollte ich wenigstens kein Geld für das Projekt ausgeben.

Zum Glück hatten Bekannte ihr Holzsortiment aussortiert und dabei waren ein paar alte Balken für mich abgefallen. Nicht besonders hübsch, aber stabil. Bei mir lagen aus einem angedachten, aber nie verwirklichten Rasenkantenprojekt außerdem noch einige Beton-Kantsteine herum. Und zum Glück fanden sich im Schuppen noch diverse weitere Balkenreste sowie Bodeneinschlaghülsen, Überbleibsel eines komplett gescheiterten Versuches, einen Unterstand für Brennholz zu bauen – ein beinahe traumatisches Erlebnis, das ich bis heute nicht richtig verarbeitet habe.

Ich wollte also die Klinkersteine aus der Grube entfernen und den Schacht deutlich vergrößern. Um die Wände abzustützen, würde ich kurze Balkenstücke mit Hilfe der Einschlaghülsen im Boden des Sickerschachtes verankern. Zwischen den Balken und dem Erdreich am Rand des Schachtes würde ich einen schmalen Spalt lassen, in den ich die Beton-Kantsteine stecken würde. Kurzum: Ich würde eine Art improvisierte Sickerschacht-Wand aus Beton bauen. Die Wand wäre keinesfalls dicht, sodass das Wasser notfalls bei zu hohem Pegel auch seitlich wegsickern könnte.

Angesichts der Tatsache, dass ich keine große Lust auf das Projekt hatte, das Wetter mies war und das Material eher dürftig, lief die Sache überraschend gut. Aber was hinten rauskam, war eben ein hässliches Erdloch mit einer hässlichen Begrenzung aus hässlichen Balken und hässlichen Betonsteinen. Ist doch Mist, dachte ich. Es muss doch möglich sein, diese Grube so umzugestalten, dass hinten etwas Gutes (oder wenigstens halbwegs Schönes) rauskommt. Mit hübschen Findlingen auffüllen vielleicht? Aber ich hatte weder Findlinge noch Elan, tonnenweise Steine in meinen Garten zu schleppen. Mein Blick fiel auf die restlichen Balken – und plötzlich hatte ich die rettende Idee: Eine kleine Terrasse an dieser Stelle des Gartens wäre eine wunderbare Sache.

Schuppen führt zu Regenwasser-Ableitung führt zu Sickerschacht führt zu Sickerschacht-Mauer führt zu Sickerschacht-Ausbau führt zu Terrasse. Die Pfosten in den Einschlaghülsen konnten als Träger der Terrasse dienen, die alten Balken als Unterkonstruktion. Ich war so angetan von meinem neuen Plan, dass ich sogar meine »Kein Geld für dieses Projekt«-Maxime über Bord warf und ein paar Terrassendielen kaufte. Balken und Dielen waren schnell angeschraubt.

Die Terrasse hat ein minimales Gefälle, damit Wasser darauf nicht stehen bleibt, sondern abfließt. Man kann sehr angenehm auf der Terrasse sitzen; ich habe meinen Garten so aus einer ganz neuen Perspektive kennengelernt.

Sollte es notwendig sein, wären Dielen und Balken schnell entfernt, um an den Sickerschacht heranzukommen. Ich kann mir allerdings beim besten Willen nicht vorstellen, was ich in dieser Grube noch zu tun haben sollte.

Schuppen führt zu Regenwasser-Ableitung führt zu Sickerschacht führt zu Sickerschacht-Mauer führt zu Sickerschacht-Ausbau führt zu Terrasse führt zu neuer Arbeit am Sickerschacht?

Ne, stopp. Ich höre bei der Terrasse auf. Irgendwann muss ja auch mal Schluss sein mit der Kettenreaktion.

Nämlich genau dann, wenn man zufrieden ist mit dem, was hinten rauskommt.

Du sollst die Reihe nicht vor dem letzten Kantstein loben

Dieser Text war der Auftakt meiner Berichte über ein Großprojekt: den Bau eines Podestes für meine Regentonnen.

Peer Steinbrück machte sich einst über die Substanzlosigkeit mancher Reden lustig, als er schrieb: »Eine gute Grundlage ist das Fundament für eine solide Basis.«

Inzwischen denke ich, dass Steinbrück die Substanz der Aussage unterschätzt hat. Diese Erkenntnis verdanke ich meinen vier Regentonnen. Momentan sammeln sie kein Wasser, sondern stehen kopfüber in der Einfahrt, weil sie endlich eine gute Grundlage als Fundament für eine solide Basis bekommen sollen: ein Podest.

Ich hatte die Leser der Kolumne gefragt, ob ich dieses Projekt beginnen oder einen fahrbaren Sonnenschirmständer bauen soll. 75 Prozent plädierten für das Regentonnen-Podest. Die Sache ist bloß: Um Wildwuchs zu vermeiden (dazu später mehr), wollte ich eine klare Grenze haben. Hier die Tonnen, dort der Rasen. So kam es, dass ich für den geplanten Bau eines Podests zum ersten Mal in meinem Leben Kantsteine einbetonierte.

Mangels Erfahrung orientierte ich mich an dem, was ich anderswo – bei Bauarbeiten, bei Nachbarn – gesehen hatte. Ein bisschen wie ein Kind, das in seiner Spielzeugküche

»leckere Nudeln« kocht, während die Eltern nebenan die Pasta für das Abendessen vorbereiten. Ich hatte schon öfter gesehen, dass andere bei derartigen Arbeiten eine Schnur spannen. Also tat ich es auch. Wenn man nicht allzu pingelig ist, lassen sich die Steine entlang dieser Schnur durchaus halbwegs gerade aufstellen.

Weitaus schwieriger fand ich, die Zwischenfugen nicht so groß werden zu lassen, dass es aussieht, als habe jemand einem Beton-Gebiss mehrere Zähne ausgeschlagen. Und vor allem: Man soll die Reihe nie vor dem letzten Kantstein loben. Den habe ich bestimmt viermal eingesetzt und wieder herausgezogen. Er ließ sich partout nicht in Position bringen. Mal war der Stein oben perfekt entlang der Schnur, aber nicht senkrecht. Mal war er senkrecht, aber nicht auf Linie. Mal war er nichts von beidem.

Immerhin darf ich vermelden: Die Kantsteine halten, der Dagegentreten- und Balanciertest ergab große Festigkeit. Und wenn erst mal Erde aufgefüllt ist, wächst bestimmt auch der Rasen wieder dicht. Nun ja. Die Blicke der Betrachter werden sich hoffentlich ohnehin eher auf das Podest als auf die Rasenkanten davor richten.

Den Aufbau habe ich schon im Kopf. Drei betonierte frostsichere Fundamente, darauf jeweils ein gemauerter Pfosten, auf die Pfosten wiederum vier Balken und darauf als Abschluss WPC-Dielen. Wetterfest (meine ich), pflegeleicht (glaube ich) und stabil (hoffe ich). Das Ding sollte immerhin vier 300-Liter-Tonnen aushalten – das Gewicht eines Kleinwagens.

Im vergangenen Herbst hatte ich aus Pflastersteinen und OSB-Plattenresten ein provisorisches Podest gebaut. Es tat seinen Dienst, wurde aber immer windschiefer. Und ich hatte keine Lust, meine Schuppenwand eines Tages von umgekippten Tonnen eingedrückt und den Schuppen überflutet zu sehen.

Es gab Stimmen, die von einem Podest mit Betonfundament und gemauerten Säulen abrieten und vorschlugen, etwa Europaletten aufeinanderzustapeln. Schnell und stabil. Mag ja sein.

Aber da gäbe es nur wenig zu bauen. Untergrund grob einebnen, Paletten stapeln, Tonnen drauf, fertig. Wo bleibt da der Spaß? Wo die Herausforderung? Paletten aufstapeln statt graben, betonieren, mauern, dübeln, schrauben? Also bitte.

Es fanden sich auch Leute (hallo, Papa), die vorschlugen, die Tonnen einfach auf die Erde zu stellen. Da ließe ich lieber das Regenwasser direkt in den Garten laufen. Dieses Projekt zeigt mir deutlich, wie stark die Prägung in Kindheit und Jugend ins Erwachsenenleben hineinwirkt. An meinem Elternhaus war die große Tonne halb im Boden versenkt. Und ich hatte schon als Teenager die Schnauze voll davon, mit der Gießkanne Wasser zu schöpfen. Ja, eine Pumpe wäre eine Lösung gewesen. Aber genauso gut hätte ich fragen können, ob ich ein Spaßbad im Garten bekomme. Mit einem Podest kann ich die Kanne dagegen einfach unter den Zapfhahn stellen und das Wasser fließt.

Abgesehen davon wären die Tonnen auf dem Boden innerhalb weniger Wochen komplett um- und überwuchert. Die Erfahrung von Bekannten zeigt: Irgendwann gibt selbst der motivierteste Unkrautbekämpfer auf, ermattet und unglücklich. Das muss doch nicht sein. Ich bin sicher:

Wir müssen uns Leute mit Regentonnen-Podesten als glückliche Menschen vorstellen.

Graben mal Schwitzen mal Fluchen

Dieser Text war der zweite Teil meiner Berichte über mein Großprojekt Regentonnen-Podest.

Es geht voran mit dem Podest für meine Regentonnen. Vor ein paar Wochen habe ich mit Kantsteinen den Podestplatz vom Rest des Gartens abgetrennt, jetzt sind in diesem Streifen drei Betonflächen zu sehen: die Fundamente, auf denen bald der Überbau lagern soll.

Schon bei der Kantstein-Folge merkten einige Leser an, drei massive Fundamente seien doch viel zu viel, es gebe schnellere und einfachere Lösungen. Ich solle an die Nachwelt denken, wenn ich Beton im Boden versenke. Abgesehen davon: So viel Aufwand – nur um ein paar Regentonnen abzustellen?

Sie haben ja recht. Es ist übertrieben, vollkommen sogar. Das sind Familienautos mit 400 PS auch. Oder Riesenfernseher mit gebogenem Display. Oder Kaffeetassen im Gegenwert einer Waschmaschine (gibt es tatsächlich). Es gibt vieles, das nicht notwendig ist. Aber die Leute wollen es, weil es ihnen Freude macht oder wichtig ist.

Ich wollte eben betonieren, es macht mir Spaß. Und ich wollte etwas schaffen, das Bestand hat. Wobei ich zugeben muss, dass ich das ein wenig bereut habe, als ich die x-te

Schubkarre mit Aushub füllte. 40 mal 80 mal 80 Zentimeter hört sich nicht nach einer besonders großen Menge an. Wie viel können 0,256 Kubikmeter schon sein?

Genug, um beim Graben diverse Flaschen Wasser und Apfelschorle zu leeren. Genug, um sich abends von der Partnerin spöttisch fragen zu lassen, warum man wie ein 70-Jähriger vom Sofa aufstehe.

Wenn Heimwerken eines lehrt, dann dies: Nur weil man eine Sache mathematisch im Griff hat, heißt das noch lange nicht, dass man sie auch beherrscht, wenn man Hammer, Säge oder (in diesem Fall) Spaten und Schaufel in der Hand hat. Zwischenzeitlich hatte ich das Gefühl, die Löcher füllten sich von selbst wieder auf. Ich habe die Gänge mit der Schubkarre nicht gezählt. Aber zwei mehr und ich hätte Spurrillen im Garten gehabt. Von den Druckstellen an meinen Büroarbeiter-Händen ganz zu schweigen.

Mich tröstete der Gedanke an einen Kollegen. Der wollte am ehemaligen Standort eines runden Pools einen Sandkasten anlegen. Gefühlte Hunderte Schubkarren Aushub habe er weggebracht, sagt er. Dabei hätte er ja auch leicht wissen können, was auf ihn zukam. Der Pool hatte einen Radius von drei Metern. Der Kollege hub 30 Zentimeter aus.

Selbst wer in Mathe nicht viel mitgekriegt hat, weiß noch, wie man das Volumen in dem Fall berechnet. Kreis-Grundfläche mal Höhe, also 3m mal 3m mal Pi mal 0,3m = 8,48 Kubikmeter. Angesichts der Anstrengungen könnte man auch von Radius mal Radius mal Puh sprechen. Oder, wie der Kollege, von der Tortur des Kreises.

Ich konnte gut nachvollziehen, als er sagte: »Ich habe den Sandkasten-Plan verflucht, ich habe meine Frau verflucht, die meinte, wir brauchen so einen Sandkasten, ich habe meine Kinder verflucht.« Und da wusste er noch gar nichts von den Rückenschmerzen und den Blasen an den Händen. Als Bonus handelte er sich einen ordentlichen Sonnenbrand ein.

Insofern kann ich nicht meckern. Meine Buddelei und das Betonieren waren sonnenbrandfrei an drei Nachmittagen (mit Unterbrechungen) erledigt. Inzwischen habe ich einigermaßen Zutrauen, dass die Fundamente das Gewicht der Regentonnen aushalten werden.

Vorausgesetzt natürlich, die gemauerten Pfosten zerbröseln nicht. Ich habe bislang einmal in meinem Leben gemauert. Das dürfte interessant werden.

PROFI-TIPP: Wie baut man ein Fundament im Garten richtig?

Wer größere Projekte wie Garagen oder Carports plant, sollte die Fundamentarbeiten von einem Fachmann überprüfen lassen. Bei kleineren Gartenbauten wie Kinder-Spielhäusern oder einem Unterstand für Brennholz lassen sich dagegen gute Ergebnisse erzielen, wenn man ein paar Regeln beachtet. Egon Hartung, öffentlich bestellter und vereidigter Sachverständiger für das Maurer- und Betonbauerhandwerk, erklärt, worauf es ankommt.

- Gehen Sie tief genug: In unseren Breitengraden liegt die Frostgrenze bei etwa 80 Zentimetern Tiefe – bis dorthin kann Wasser im Winter gefrieren. Eine Gründung muss so tief reichen, wenn sie sich durch Frost nicht bewegen soll. Das bedeutet selbst bei kleinen Punktfundamenten von 30 mal 30 Zentimetern (etwa, um einen H-Träger zu fixieren) ordentlich Aushub.
- Achten Sie auf ausreichende Größe: Sie richtet sich danach, wie viel Druck auf dem Fundament lastet. Fragen Sie im Zweifelsfall einen Fachmann.
- Verdichten Sie den Beton gut, etwa durch Stochern mit einer Holzlatte. Achten Sie insbesondere darauf, dass beim Verfüllen des Loches mit Beton keine Hohlräume entstehen. Dort fließt sonst das Wasser hinein – wenn es gefriert, wird das Fundament geknackt. Es spricht aber nichts dagegen, im Beton alte Pflastersteine oder Gehwegplatten zu versenken, das spart frischen Beton. Er

muss allerdings Steine und Platten stets komplett umgeben.

- Eine Bewehrung mit Eisen kann nicht schaden. Sie macht den Beton gegenüber Zugkräften widerstandsfähiger. Wichtig ist allerdings, dass das Eisen nicht aus dem Betonkörper herausragt. Dann würde es nämlich rosten und zum Einfallstor für Wasserschäden werden.
- Achten Sie je nach Projekt auf die Betonsorte – etwa auf die Anfälligkeit für Tau- oder Salzwasser oder Feuchtigkeit im Boden.

All diese Tipps gelten auch für Fundamente kleiner Mauern im Garten. Hier kommen allerdings weitere Punkte hinzu, die derartige Projekte laut Hartung aufwendig und herausfordernd machen:

- Auf dem Boden der ausgehobenen Fundamentgrube sollte eine Sauberkeitsschicht von fünf Zentimetern Magerbeton aufgebracht werden. Darauf können Bewehrungseisen stehen; sie verhindert zudem, dass das Wasser aus dem Frischbeton abfließt und er nicht richtig fest wird.
- Bis 15 Zentimeter über der Erdoberfläche sollte die Mauer sauber verschalt werden – so entsteht ein Sichtbetonsockel für den Bereich, den Spritzwasser erreicht. Erst wenn das Fundament plus verschalter Sockel ausreichend fest ist, können darauf die eigentlichen Maurerarbeiten beginnen.

Mein Lieblingstier, die Wasserwaagen-Libelle

Dieser Text war der dritte Teil meiner Berichte über den Podestbau für die Regentonnen.

In einem beliebten Kinderlied heißt es: »Wer will fleißige Handwerker seh'n / der muss zu uns Kindern geh'n. / Stein auf Stein, Stein auf Stein / das Häuschen wird bald fertig sein.«

Das entscheidende Wort in dieser Strophe lautet »bald«. Ich habe viel über seine Bedeutung nachgedacht, während ich die Sockel für mein Regentonnen-Podest gemauert habe. Das nahm so viel Zeit in Anspruch, dass ich den Satz »Die Sockel werden bald fertig sein« nicht hätte unterschreiben geschweige denn singen können.

Ich hatte vorher einmal in meinem Leben gemauert, zwei Torpfosten, ein Projekt von mehreren Wochen. Immerhin, bislang halten sie und stehen gerade, das gab mir Hoffnung. Es gab mir aber auch eine Vorstellung davon, was beim Mauern alles schieflaufen kann, insbesondere für einen Amateur.

Neulingen in der Hobby-Maurer-Szene kann ich nur raten: Nehmen Sie sich Zeit. Und viele Wasserwaagen, von denen kann man gar nicht genug haben. Betrachten Sie Ihr Werk, sooft Sie können, aus jedem denkbaren Blickwinkel.

Nur so fallen Fehler auf. Und die Zeit, sie zu korrigieren, ist begrenzt. Spätestens nach einem Tag hilft nur noch der Abbruch, also lieber fünfmal nachprüfen. Auch so bleiben noch genug Probleme: Ist der Mörtel zu flüssig oder zu fest? Sind die Fugen zu breit oder zu schmal? Liegen die Steine auf einer Linie?

Wenn ich Maurer bei der Arbeit beobachte, staune ich immer. Ihr Mörtel ist weich genug, um ihn leicht verteilen zu können. Und gleichzeitig fest genug, um nicht wie eine dicke Erbsensuppe auf den Boden zu tropfen. Bei ihnen sieht alles so elegant aus: Sie schaffen es, immer genau die richtige Menge Mörtel auf die Kelle zu nehmen und ihn perfekt zu verteilen. Dann schieben sie den Stein so in den Mörtel hinein, dass die Stoßfuge zum zuvor gesetzten Stein wunderbar gefüllt ist.

Ich habe das ein paar Mal probiert. Die Stoßfuge war nach dem Schieben nie gefüllt. Dafür lag der andere Stein nicht mehr richtig. Deshalb bin ich dazu übergegangen, Mörtel für die Lagerfugen zu verteilen, die Steine hineinzulegen und anschließend die Stoßfugen auszufüllen. Langsam, mühselig und alles andere als elegant.

Im Nachhinein habe ich bei Wikipedia gelesen, dass ich im mittleren Läuferverband gemauert habe – die Steine liegen pro Reihe jeweils um eine halbe Steinlänge versetzt. Den mittleren Läuferverband habe ich nicht bewusst ausgewählt. Dieses Prinzip habe ich vor 30 Jahren schon mit meinen Legosteinen benutzt, da muss etwas im Gedächtnis haften geblieben sein. Und jede andere Steinanordnung hätte mich überfordert. Ich wollte zum Beispiel verhindern, Steine sägen oder in passende Stücke schlagen zu müssen.

Das hätte nämlich garantiert nicht geklappt. Und dem mittleren Läuferverband sei Dank brauchte ich pro Schicht exakt sieben ganze Steine.

126 Ziegel später stehen neben meinem Schuppen nun drei gemauerte Sockel. Ich finde das Ergebnis okay (obwohl die fachkundigeren unter den Lesern das sicherlich anders sehen werden). Letztlich zählt für mich nur eines: Die Sockel sind tatsächlich gleich hoch!

Das hat mir mein Lieblingstier, die Wasserwaagen-Libelle, verraten. Ihr Schweben zwischen den beiden Markierungslinien bedeutet nicht nur, dass ich keinen gravierenden Fehler gemacht habe. Was bei den Olympischen Spielen passiert, ist mir offen gestanden ziemlich egal. Aber diese Podestplätze bedeuten mir etwas.

Ein Thron für meine Regentonnen

Dieser Text war der letzte Teil meiner Berichte über den Bau eines Podestes für meine Regentonnen.

Was ist denn plötzlich los? Habe ich beim Bäcker immer besonders freundlich gegrüßt? Habe ich Dutzenden Senioren über die Straße geholfen, ohne es zu merken? Habe ich Kätzchenrudel von Bäumen gerettet? Irgendetwas muss doch der Grund dafür sein, dass mein Heimwerkerkarma mich derzeit annehmen lässt, dass ich auch den Flughafen Berlin-Brandenburg locker im Alleingang hochziehen könnte.

Der Grund für all die Euphorie steht im Garten: Das Regentonnen-Podest ist fertig! Für mich ist es architekturhistorisch knapp unterhalb der Pyramiden in Ägypten angesiedelt. Die Leser meiner Kolumne hatten das Podest zu meinem nächsten Projekt auserkoren. Knapp drei Monate Bauzeit später ist es vollbracht. Wenn ich mein Werk ansehe, komme ich mir vor wie eine Figur aus einem schlechten Film, auf deren Schultern Engelchen und Teufelchen sitzen.

Das Teufelchen sagt, was ein User in den Kommentaren zum Fundament-Bau schrieb: »Archäologen in 2000 Jahren werden schlussfolgern, diese Struktur ist so überdimensioniert für praktische Zwecke, sie kann nur kultischen

Zwecken gedient haben. I love german over-engineering: Führerbunkerzisterne.«

Das Engelchen sagt: Führerbunkerzisterne? Kultische Zwecke? Genau – erfreue dich an deinem Altar des Regenwassers!

Und das tue ich. Das Podest sieht so aus, wie ich es mir vorgestellt habe. Und vor allem: Es hat alles wie geplant geklappt. Und ganz ehrlich: Ich hätte nicht gedacht, dass ich diesen Satz noch mal schreiben dürfte. Ich würde mich nicht scheuen, von Rissen im Beton, wackelnden Balken und schiefen Brettern zu berichten. Aber die Balken passten haargenau auf die gemauerten Säulen. Die Bretter ließen sich wunderbar auf den Balken befestigen. Die Tonnen stehen eben und sicher.

Und es war nicht mal teuer. Die Steine waren vom Hausbau übrig, die Bretter samt Metallklemmen vom Terrassenbau. Bezahlen musste ich bloß die Balken und Beton mit Mörtel.

Bislang ist der Belastungstest positiv verlaufen: Inzwischen sind die vier Behälter fast voll, Gesamtgewicht rund 1200 Kilo. Durch ihre Standhöhe lässt sich so mühelos Wasser zapfen, wie ich es mir gewünscht hatte. Und nebenbei ist das Podest auch der höchste Punkt im Garten. Ich kann den Schlauch anschließen und damit nur dank der Schwerkraft alles bewässern. Und: Bei anderer Anordnung ließe sich sogar eine fünfte Tonne aufstellen.

All das macht Lust auf mehr. Das nächste größere Projekt habe ich schon in Angriff genommen. Mehr möchte ich derzeit noch nicht verraten, nur so viel: Mit Bunkern hat die Sache nichts zu tun. Aber auch mit Wasser.

WAS WURDE AUS …?

Inzwischen sind seit dem Podestbau zwei Winter und ein Sommer vergangen. Und meine Euphorie ist geblieben. Der Raum unter dem Podest eignet sich wunderbar, um Holz oder Gießkannen zu lagern. Die gemauerten Säulen und der Überbau stehen einwandfrei. Das Wasser läuft, wie und wohin es soll, alle Anschlüsse und Verbindungsschläuche halten dicht. Nur ein Wasserhahn ist zwischendurch kaputtgegangen, aber dafür kann das Podest ja nichts.

Das nächste größere Projekt, das ich so vollmundig angekündigt hatte, ist indes zur echten Euphoriebremse geworden. Wenn es ein Mensch wäre, sollte es eigentlich längst kurz vor der Volljährigkeit stehen. Doch der Bau-Fortschritt ist so kümmerlich, dass es – um im Bild zu bleiben – bislang kaum dem Kindergartenalter entwachsen ist. Aus Scham (und ein bisschen auch aus Selbstschutz) verrate ich deshalb keine weiteren Details.

Wie geschmiert

Kleine Preisfrage: Was ist der Unterschied zwischen Ehen und Abflussrohren? Im Gegensatz zu Ehepartnern bleiben Abflussrohre tatsächlich meist zusammen. Wer das nicht glauben mag, kann gerne mal versuchen, zwei zusammengesteckte Rohre auseinanderzukriegen.

Ich durfte diese Erfahrung bei einem Umbau meines Sickerschachtes für das Regenwasser vom Hausdach machen. Ich wollte den Entlüftungsstutzen des Schachtes um zwei Meter versetzen. Der Stutzen ist aus stinknormalen Kanalgrundrohren (KG) zusammengesteckt – orangebraun, langlebig, robust. Vom Sickerschacht verläuft die Entlüftung erst seitlich weg und dann senkrecht nach oben. Der Seitwärts-Teil sollte um zwei Meter verlängert werden.

Mein Plan: Rohre freilegen, Steckverbindung lösen, Zweimeterstück einsetzen, alles zusammenstecken, Rohre wieder verbuddeln. Bis zu »Rohre freilegen« funktionierte es. Aber auch nur bis dahin. Die Rohre schienen sehr aneinanderzuhängen. Sie umklammerten sich wie Frischverliebte, unwillig, auch nur kurz auf Abstand zu gehen. Und wie bei Frischverliebten half kein gutes Zureden. Taten mussten her. Ich hebelte vorsichtig mit der Spitzhacke. Ich versuchte, die Verbindung durch Drehen und

Ziehen zu lockern. Irgendwann machte es laut »knack«. Getrennt waren die Rohre immer noch nicht, dafür war eines kaputtgegangen.

Zu diesem Zeitpunkt war mein Frust bereits so groß, dass ich einen schweren Hammer holte, das zersplitterte Rohr vollends zertrümmerte und mir anschließend Rohrgleitmittel besorgte (ja, Heimwerken ist sexy).

Ich hatte gehofft, für meinen kleinen Umbau darauf verzichten zu können, weil ich für das Zeug sonst keinerlei Verwendung hatte. Aber den im Internet immer wieder genannten Alternativen wie Spülmittel oder Salatöl traute ich nicht. Rückblickend muss ich sagen, dass sich die Investition gelohnt hat. Mit Hilfe des Gleitmittels und einer Feile, um Rohre anzufasen, ließen sich alle Teile vergleichsweise entspannt zusammenfügen.

Trotzdem bin ich froh, dass dies auf absehbare Zeit mein letztes Projekt mit Abflussrohren gewesen sein wird. Ich musste nur ein Stück Rohr einfügen, ohne zusätzlich auf Gefälle oder eine wasserdichte Verbindung achten zu müssen. Wenn schon bei einem Anfänger-Projekt wie meinem so viel schiefgehen kann – was würde ich dann mit Abflussleitungen im Haus tun? Was, wenn ich wüsste, dass man an die Rohre nur herankommt, wenn man den Boden aufstemmt?

Ich möchte nicht daran denken. Ich bin einfach zufrieden mit meinem kleinen Entlüftungs-Umbau. Und mit dem Gleitmittel.

Deshalb lautet die Preisfrage nun: Was haben Abflussrohre und moderne Männerfrisuren gemeinsam? Mit Schmiergel gelingt alles gleich viel besser.

Wer Schönes bauen will, muss leiden

Es gibt Wörter in der Welt des Bauens, die sich in einer Art Zwangsgemeinschaft mit anderen befinden. Das eine Wort ist meist ohne das andere nicht anzutreffen. Bei »Eiche« ist es »furniert«, bei »Akku« heißt das Pendant »Schrauber«, »Zoll« vervollständigt sich fast automatisch zu »Zollstock«. Bei Beton ist das ergänzte Wort oft genug »Bausünde«, gerne auch erweitert mit »aus den Sechzigern oder Siebzigern«. Wer das hört, sieht vor seinem geistigen Auge sofort triste, schon etwas angegammelte Hochhäuser.

Beton ist quasi die englische Küche unter den Baustoffen. Sättigt, schmeckt aber nicht unbedingt. Hält, aber sieht nicht schön aus. Vielleicht ist das der Grund dafür, dass Beton gerne in Fundamenten versenkt wird. Da sieht ihn hinterher keiner mehr. Ich kann das nicht nachvollziehen. Meiner Ansicht nach hat Beton ein viel zu schlechtes Image, ich finde ihn toll. Und nicht nur, weil er hält. Sondern auch, weil er schön sein kann. Es gibt schicke Waschbecken, Tische, Küchen-Arbeitsplatten, Teelichthalter und Lampen aus Beton.

Nach Jahren, in denen Beton bei mir vor allem stabil, aber nicht hübsch sein musste, fand ich es an der Zeit, mich mal an der Herstellung von etwas Schönem zu versuchen. Betontechnisch wollte ich quasi von der englischen zur französischen Küche (von mir aus auch zur italienischen) wechseln. Und weil gerade Saison war, entschied ich mich für eine Weihnachtsbaum-Silhouette.

Ich wollte aus Holz eine Form bauen und den Beton-Weihnachtsbaum darin aushärten lassen. Holzplatten, Latten und Sperrholz hatte ich noch genug im Schuppen. Damit beschränkten sich die Investitionskosten auf zwei 30-Kilo-Säcke Fertigbeton. Sollte die Sache schiefgehen, wäre der Verlust zu verschmerzen.

Rückblickend muss ich konstatieren, dass ich mit der Wahl meines Designobjektes ziemlich danebenlag. Der Spruch »Wer schön sein will, muss leiden« gewann für mich jedenfalls neue Bedeutung: Wer Schönes bauen will, muss leiden. Denn die Herstellung der Form erwies sich als ziemlicher Akt. Die Baum-Silhouette aus Holzplatten auszusägen ging noch vergleichsweise leicht von der Hand. Aber weil mein Beton-Bäumchen zehn Zentimeter dick werden sollte, musste ich den kompletten Umriss mit zehn Zentimeter breiten Sperrholzstreifen auskleiden. Sperrholz ist zwar biegsam, aber nur begrenzt. Damit wurde jede Rundung der Form zu einer Herausforderung – und sie bestand quasi nur aus Rundungen. Es war eine elendige Frickelarbeit. Ich erinnerte mich, warum ich so ein Fan des rechten Winkels bin.

Im Vergleich zu den Vorarbeiten war das Betonieren dann kinderleicht. Ein halber Sack Fertigbeton blieb übrig, als die Form komplett befüllt war. Verdichten und Abziehen gingen ebenfalls mühelos. Immerhin darf ich vermelden: Die Mühe hat sich einigermaßen gelohnt. Nach mehreren Tagen des Wartens (ich wollte nichts überstürzen und damit womöglich das Projekt gefährden) entfernte ich Schritt für Schritt die Holzform, deren Herstellung mich so viel Zeit gekostet hatte.

Und der Beton-Baum blieb stehen, bis in die Tannenspitzen. Das konnte ich vom ebenfalls vorgesehenen Weihnachtsbaumständer aus Beton leider nicht behaupten. Er brach auf beiden Seiten ab.

Der Baum ließ sich auch ohne Ständer frei aufstellen, wäre aber beim Umfallen angesichts seines Gewichts ein echtes Sicherheitsrisiko gewesen. Ich war kurz davor, den Vorschlaghammer zu holen und zum Betonrecycling überzugehen. Aber dann kam mir wieder in den Sinn, dass bei echten Weihnachtsbäumen der Ständer auch nicht angewachsen ist – und baute aus zwei Balkenresten eine Halterung für mein Beton-Exemplar.

Nun kann mein Beton-Bäumchen frei stehen. Und ich habe mich entschieden, es nicht zu verstecken. Es besteht keinerlei Gefahr, dass es wie eine Nordmanntanne oder Blaufichte abbrennen könnte. Und auch das Problem mit den abfallenden Nadeln stellt sich nicht. Zugegeben, die Außenseiten sind nicht ganz glatt, es sind einige Luftbläschen zu sehen. Ob es sich gut in die Design-Phalanx aus Lampen, Teelichthaltern oder Waschbecken einfügt, darüber lässt sich streiten.

Sei's drum. Die Sache gar nicht auszuprobieren – das wäre wirklich eine Bausünde gewesen. Und zwar ganz ohne Beton.

Gerüttelt, damit sich nichts rührt

Es muss in der siebten oder achten Klasse gewesen sein. Meine Deutschlehrerin wollte, dass wir einen Text »verdichten« sollten. Sie war eine brillante Lehrerin, auch wenn ich das damals noch nicht erkannt hatte. Ich bin mir sicher, dass sie die Aufgabe verständlich und geduldig erklärte. Aber ich war einfach zu dämlich, um zu begreifen, dass wir aus Prosa ein Gedicht machen sollten.

Leider muss ich zugeben, dass ich beim Thema Verdichten seither nicht viel weitergekommen bin. Auch wenn es mittlerweile nicht um Texte, sondern um den Untergrund für Pflasterflächen geht. Damals im Deutschunterricht wie heute beim Pflastern gilt: je verdichteter, desto besser.

Wenn der Untergrund falsch vorbereitet ist, kann man die Steine noch so sorgfältig verlegen – einmal drübergefahren oder ein paar starke Regengüsse abgewartet und schon gibt es Spurrillen oder eine Hügellandschaft aus Stein. Ich spreche aus Erfahrung.

Mein erster Pflasterversuch war geradezu lächerlich, und das nicht nur wegen der Größe des Projektes. Es handelte sich um einen Streifen von knapp 2 mal 0,3 Metern – die Fläche zwischen zwei gemauerten Torpfosten am Rand des Gartens. Ich wollte nicht, dass das ganze Unkraut vom

Grünstreifen an der Straße in den Garten rüberwächst. Der gepflasterte Streifen sollte eine Art Barriere sein.

An der Grenze zum Grünstreifen betonierte ich Kantsteine ein und ließ daneben Richtung Garten Platz für drei Reihen Steine. Sand rein, verdichten, abziehen, Steine drauf, fertig. Dachte ich.

Vom Terrassenbau hatte ich noch im Gedächtnis, dass der Untergrund ausreichend verdichtet ist, wenn die Rüttelplatte zu hüpfen beginnt. Das bedeutet, dass der Boden nicht mehr nachgibt und die Maschine ihre Bewegung nur noch nach oben loswerden kann. Dummerweise war meine Fläche so klein, dass es sich nicht gelohnt hätte, eine Rüttelplatte zu mieten. Oder sie darauf sinnvoll einzusetzen. Also verlegte ich mich darauf, den Sand festzutreten.

Man müsste nur leider Godzilla sein, um einen Pflaster-Untergrund mit Tritten ausreichend zu verdichten. Inzwischen weiß ich das auch. Aber damals war ich ahnungslos. Nachdem ich die Steine verlegt und die Fugen mit Sand gefüllt hatte, machte ich einen Belastungstest. Na ja: Ich fuhr mit der Schubkarre über mein Werk. Einmal hin, einmal zurück.

In der Schubkarre lagen vielleicht 30 Kilo Sand. Eine gut gepflasterte Fläche merkt so ein Gewicht nicht mal. Bei mir reichte es, um zwei deutlich sichtbare Spuren zu hinterlassen. Weil mir das deutlich zeigte, dass ich meine Pflasterei noch einmal von vorn würde beginnen müssen, lief ich testweise auch noch auf den Pflastersteinen hin und her. Ein wenig fühlte ich mich jetzt tatsächlich wie Godzilla, denn beim Gehen wurden die Steine ebenfalls nach unten gedrückt. Kurzum: Es war ein Desaster.

Ich nahm die Steine und den Sand wieder raus. Es ist nur einem glücklichen Zufall zu verdanken, dass währenddessen niemand vorbeikam. Ich hätte nicht garantieren können, dass kein Stein oder zumindest eine Handvoll Sand geflogen wäre.

Ein Gutes hatte mein Frust aber: Bei meinen erneuten Verdichtungsversuchen kam er mir ganz gelegen. Ich war so sauer, dass ich besonders hart mit einem Fäustel auf ein Stück Kantholz einschlug. So arbeitete ich mich Sandschicht für Sandschicht vor. Sand verteilen, draufhauen. Das Holz konzentrierte den Druck jeweils auf eine kleine Sandfläche. Das half. Zwischendurch stellte ich mich testweise auf den Sand – einen zweiten Fehlversuch wollte ich möglichst früh bemerken. Die mit dem Holz verdichteten Stellen gaben nicht nach. Leichte Hoffnung stieg in mir auf.

Irgendwann waren die Steine verlegt. Selbst mit Kantholz und Fäustel ließen sie sich nicht weiter versenken. Auch der Schubkarren-Belastungstest verlief erfolgreich.

Seit dieser Episode ist einige Zeit vergangen. Dutzende Male bin ich mit der Schubkarre über meine Pflastersteine gefahren. Ohne sicht- oder spürbare Veränderungen der Fläche. Nur ein kleiner Erfolg, zugegeben. Ich bin froh, dass meine Steine bislang noch keinen Minibagger oder einen Trecker erlebt haben. Dann gäbe es Spurrillen, da bin ich ziemlich sicher. Inzwischen denke ich, ich hätte das Pflastern lieber Profis überlassen oder ganz darauf verzichten sollen. Denn das ist das eigentlich Tragische an der Sache: Als Unkrautbarriere ist mein Steinstreifen ein echter Flop. Der Wildwuchs in den Fugen nötigt mir fast schon Respekt ab.

Werk-
zeug

Ich kriege nie genug

Der Anfang war harmlos. Studium, die erste eigene Wohnung. Mehr Werkzeug als mein Taschenmesser hatte ich nicht. Beim Einkauf im Möbelhaus lag neben den Regalen eine kleine orangefarbene Plastikkiste. Darin: ein Schraubenzieher, ein Bit-Set, ein Hammer, ein Gummihammer, zwei Zangen und Bleistifte. Praktisch, dachte ich. Und griff zu.

Den Einwand meiner Freundin, alles für den Aufbau Notwendige werde doch ohnehin mit dem Regal mitgeliefert, ließ ich nicht gelten. Es wäre aussichtsreicher gewesen, mit einem Vierjährigen über den Kauf von Impulsware an der Supermarktkasse zu diskutieren.

Wenn ich heute an die kleine Kiste denke, kommt mir das Wort Einstiegsdroge in den Sinn. Bald folgte ein weiteres orangefarbenes Plastikkästchen, unter anderem mit einer Säge, einem Maßband und einer kleinen Wasserwaage.

Es dauerte nicht lange und ich hatte das Gefühl, die beiden Plastikkästchen fühlten sich im Einbauschrank im Flur neben dem Staubsauger etwas allein. Ich stellte ihnen einen Koffer mit einem Akkuschrauber zur Seite. Eine Weile ging das gut, dann verstärkte eine Schlagbohrmaschine das Ensemble. Und weil sich inzwischen auch ein Satz Nüsse, Cuttermesser, ein Spannungsprüfer und diverser anderer Kleinkram angesammelt hatten, musste noch ein normaler Werkzeugkoffer her.

Das war 2006. Und ich brauchte dringend eine Aufbewahrungsmöglichkeit für mein Schrauben- und Nagelsammelsurium. Ich kaufte mir einen Schraubenkoffer, um das Chaos aus kleinen Plastikschälchen und Tüten zu beenden. »So viel Platz«, dachte ich. Nach zwei Wochen war der Koffer randvoll. Das hat er mit den beiden anderen gemein, die seither dazugekommen sind.

Dass ich die passenden Schrauben habe, kommt trotzdem eher selten vor. Dafür merke ich quasi bei jedem Projekt, was mir an Werkzeug fehlt. Mir fällt mit der Eisensäge fast der Arm ab und ich denke: Flex. Und bei jedem zweiten Schnitt mit der Stichsäge sagt eine Stimme in meinem Kopf: Mit einer Kappsäge wäre das aber besser gegangen.

Manche Leute haben es sich zum Ziel gesetzt, mit möglichst wenigen Gegenständen auszukommen, ihr Leben zu vereinfachen. Ein Blick in die Amazon-Sachbuch-Abteilung, Ecke »Lebensführung«, ergibt fast 300 Treffer zum Stichwort »Simplify Your Life«. Clint Eastwood sagt als Walt Kowalski in »Gran Torino«, jeder Mann, der einen Scheißdreck wert sei, könne mit einer Rolle Klebeband, einer Dose WD-40 (Kriechöl) und einer Klemmzange die Hälfte aller Arbeiten im Haus erledigen. Für die andere Hälfte braucht man aber einen Haufen Zeug. Deshalb halte ich als Heimwerker den Satz »Weniger ist mehr« für Bullshit. Oder mussten Sie schon einmal ohne Schlagbohrer ein Loch in der Betondecke machen? Aus eigener Erfahrung rate ich: Lassen Sie es nach Möglichkeit bleiben, sonst lernen Sie die Nachbarn auf ganz neue Art kennen. Ich habe nichts gegen Improvisieren. Aber ohne Werkzeug wird aus Improvisieren Simulieren: Schatz, lass uns so tun, als hätte ich das Wandregal angeschraubt.

Es bleibt nicht aus, dass bei wachsender Werkzeugsammlung gewisse Redundanzen entstehen. Ich hatte irgendwann ein Pfund Sechskantschlüssel einer Größe. Und mehrere Leute haben schon gefragt, ob ich wirklich vier Äxte und Beile brauche – insbesondere jenes, das aussieht, als sei es zum Hacken von Petersilie hergestellt worden. Wer solche Fragen stellt, hat das Wesen des Heimwerkens nicht verstanden.

Äxte, Beile, Werkzeug- und Schraubenkoffer füllen inzwischen mehrere Regalmeter. Wenn ich sie sehe, lächle ich darüber, wie naiv ich damals nach dem Einkauf im Möbelhaus war. Auf der Fahrt nach Hause lag das kleine orangefarbene Plastikkästchen auf meinem Schoß. Und ich dachte: »Mehr braucht kein Mensch.«

Ausgeschraubt

Er war ein treuer Begleiter über viele Jahre. Immer da, wenn ich ihn brauchte. Seine Energie war oft die Rettung in höchster Not. Wenn ich ihn berührte, spürte ich sofort die Verbindung zwischen uns. Er machte mir das Leben leichter, hielt zu mir, auch wenn ich ihn fallen ließ.

Mein Akkuschrauber.

Nun muss ich Abschied nehmen. Mein treuer Gefährte ist von mir gegangen. Sein Ableben hatte sich angedeutet. Er hatte weniger Schwung als früher. Er brauchte länger, um nach der Arbeit wieder zu Kräften zu kommen. Da wollte jede Schraube genau überlegt sein. Es dauerte handgestoppte 20 Sekunden, um eine Zwölf-Zentimeter-Schraube testweise in einen Balken zu versenken. Dort blieb sie dann auch, denn beim Rausdrehen war der Akku alle. Aber dass es so schnell enden sollte, kam überraschend.

Ein paar Wochen vor dem endgültigen Aus hatte ich eine Schraube eindrehen wollen, höchstens sechs Zentimeter lang. Der Schrauber drehte. Und drehte. Und drehte. Die Schraube bewegte sich keinen Millimeter. Dafür machte der Schrauber ähnliche Geräusche wie mein Holzbohrer, als er Bekanntschaft mit einem Metallspatenblatt machte.

Akku schwach, Getriebe im Eimer. Es war einfach zu viel gewesen.

Als ich den Schrauber bekam, beschränkte sich der Einsatz darauf, ab und zu ein Regal oder einen Schreibtisch aufzubauen. Aus Begeisterung drehte ich manche Schrauben mehrmals raus und wieder rein, obwohl das für die Stabilität der Möbel sicherlich nicht dienlich war. Die schönen Erinnerungen können aber nicht darüber hinwegtäuschen, dass der Schrauber nicht mehr zu gebrauchen ist. Wie sehr er mir fehlt, merke ich erst jetzt, da ich ihn nicht mehr benutzen kann. Akkuschrauber-Entzug Cold Turkey ist ein unterschätztes gesellschaftliches Problem. Ein Kollege hat seit einer Weile auch einen und sagte mir, er frage sich, wie er jemals ohne leben konnte.

Nun stehe ich vor der Aufgabe, einen neuen zu finden. Und ich fühle mich deshalb ein bisschen schäbig. Ein bisschen so wie bei Gerhart Polt, in dessen Sketch »Am Krankenbett« der Hausstand der Oma schon verteilt wird, obwohl die alte Dame noch gar nicht gestorben ist.

Ich kann mich nicht erinnern, über eine Anschaffung jemals so lange und gründlich nachgedacht (okay, herumgegoogelt) zu haben. Lieber gebe ich 250 Euro für einen Akkuschrauber aus als für ein Smartphone. Werkzeug, pfleglich behandelt, kann Jahrzehnte halten. Ich benutze ein Beil, das meinem Urgroßvater gehörte. Mein Vater hat eine Bohrmaschine von seinem Vater geerbt, die ist immer noch in Ordnung. Ein Smartphone ist dagegen nach spätestens fünf Jahren Elektroschrott.

Und wie bei Handys ist oft auch beim Schrauber der Akku die Schwachstelle. Den wichtigsten und wahrsten

Satz dazu hat ein Bekannter gesagt: »Über eines musst du dir im Klaren sein: Wenn du den Akkuschrauber brauchst, ist er leer.«

Nun blättere ich durch Kataloge, in denen von Amperestunden, Leerlaufdrehzahlen und Drehmoment-Einstellungen die Rede ist. Ich grübele, ob ein um drei Millimeter größeres Bohrfutter einen Aufpreis von hundert Euro wert ist. Und ich frage mich, was zu mir passt. Ideal wären ein großes Ding mit Dampf für die harten Aufgaben und ein kleiner, handlicher Schrauber für den Innenbereich und Möbelaufbau. Aber ich hätte vermutlich größere Chancen, den Kauf eines zweiten Backofens durchzusetzen als den Kauf zweier Akkuschrauber.

Fest steht nur: Es muss bald was passieren. Beim neuen Schrauber sollen die Leute nicht mehr mitleidig bis amüsiert lächeln, sondern anerkennend nicken. Und vor allem: Der nächste Trennungsschmerz soll mir für lange Zeit erspart bleiben.

Der alte Schrauber liegt übrigens noch im Regal. Aus sentimentalen Gründen.

WAS WURDE AUS …?

Mein Wunsch ist tatsächlich in Erfüllung gegangen. In unserem Haushalt gibt es jetzt zwei Akkuschrauber. Einen für den Dauereinsatz bei größeren Projekten, der im Bastelschuppen wohnt, und einen kleinen für den Möbelaufbau, der in der Schreibtischschublade auf seinen Einsatz wartet.

Sie werden sich vielleicht fragen, wie ich den Rest der Familie vom doppelten Kauf überzeugt habe. Um ehrlich zu sein: gar nicht. Als ich nach mehreren Abenden der Internet-Recherche und mehreren Besuchen in Baumärkten und Fachgeschäften meinen neuen Akkuschrauber kaufte (ordentlich Power, zwei Akkus, nahezu unverwüstlich), lag im Regal schräg gegenüber so ein kleines Schräubchen, das in einer Spielzeugkiste auch nicht auffallen würde. Perfekt für kleine Arbeiten im Haus, dachte ich. Und schenkte ihn dem Rest der Familie.

Ich weiß, es gab schon selbstlosere Gaben. Aber hey, der Trick hat funktioniert: Einem geschenkten Akkuschrauber schaut man nicht ins Maul. Und mit etwas zeitlichem Abstand haben die anderen Familienmitglieder auch erkannt, dass man eigentlich nie genug Akkuschrauber im Haus haben kann.

PROFI-TIPP: Schrauben und bohren mit Akkugerät – die Checkliste

Schrauber, Bohrschrauber oder Schlagbohrschrauber? Michael Koswig von der Stiftung Warentest hat viele Geräte getestet und weiß, worauf man bei Auswahl und Kauf achten sollte.

Die Akkus

- Wer das Gerät nur selten für kleine Arbeiten benutzt,

braucht nicht unbedingt zwei Akkus. Aber sobald man etwas größere Projekte wie den Bau einer Rigipswand oder einer Terrasse in Angriff nimmt, ist ein Wechselakku empfehlenswert.

- Wenn weitgehend leere Akkus (zum Beispiel auch Wechselakkus) zu lange nicht benutzt werden, können sie leiden. Deshalb ist es sinnvoll, Akkus vorsorglich aufzuladen, wenn sie möglicherweise für längere Zeit nicht genutzt werden. Beachten Sie die Hinweise in der Bedienungsanweisung.
- Es ist ein Vorteil, wenn die Akkus auch in anderen Maschinen einsetzbar sind – das spart Geld. Der Schrauber kann dann ein Teil einer Gerätefamilie sein.
- 14,4 oder 18? Die Voltzahl ist nicht allein entscheidend. Wichtiger ist, dass alle Komponenten des Gerätes gut aufeinander abgestimmt sind, etwa auch Elektronik und Übersetzung.
- Für den normalen Heimwerker sind Akkus mit 1,5 oder 2 Amperestunden meist ausreichend.
- Lithium-Ionen-Akkus sind derzeit das Maß der Dinge.

Das Gerät

- Ein Muss sind zwei Gänge – einer zum Schrauben, einer zum Bohren.
- Sehr sinnvoll ist eine Drehzahlbegrenzung, etwa für Schraubarbeiten in weicherem Material wie Rigips.
- Ein zweiter Handgriff kann bei sehr kraftvollen Geräten hilfreich sein. Er bietet besseren Halt und hilft so, Verletzungen zu vermeiden.
- Eine integrierte Leuchte erleichtert die Arbeit an dunk-

len Stellen. Sie sollte so angebracht sein, dass sie das gesamte Arbeitsfeld erhellt.

- Unter Umständen kann es hilfreich sein, wenn sich der Kopf wechseln lässt – zum Beispiel für einen anderen Werkzeugaufsatz.
- Achten Sie auf Schadstofffreiheit, etwa in Griffteilen.
- Überlegen Sie genau, wie schwer das Gerät sein darf. Bei zu hohem Gewicht ermüden Hand und Arm bei der Arbeit schneller.

Die Wahl

- Überlegen Sie sich vor dem Kauf genau, was Sie tun wollen: nur schrauben, schrauben und bohren – oder auch schlagbohren? In letzterem Fall könnte es sein, dass eine Schlagbohrmaschine mit Kabel für Sie die bessere Wahl ist, besonders, wenn Sie das Gerät nur selten benutzen. Hier besteht keine Gefahr, dass die Akkus den Geist aufgeben.
- Wenn schon eine Schlagbohrmaschine vorhanden ist und bei Schraubarbeiten das Hantieren mit Kabel ein Ende haben soll, ist für die meisten Heimwerkerzwecke ein kraftvoller Bohrschrauber absolut ausreichend.
- Wer sein Sortiment erweitern möchte, kann zu einem kleinen reinen Schrauber greifen, der an verwinkelten Stellen durch seine Handlichkeit Größenvorteile hat.

Ich lass mich doch von einem Spaten nicht verarschen

Ohne Spaten kann man im Garten so viel machen wie in der Küche ohne Herd. Insofern war ich bestens ausgestattet, als ich mir einen Spaten kaufte und kurz darauf zwei weitere geschenkt bekam. Wer denkt, drei Spaten seien mindestens einer zu viel, hat keinen Nachbarn, der sich gerne Werkzeug leiht. Und er hat vermutlich auch noch nie einen Spaten abgebrochen. Zum Beispiel, wenn man wie ich versucht, eine hartnäckige Wurzel aus regennassem Boden herauszuhebeln. Knack, Wurzel weiterhin drin, Stiel in zwei Teile gebrochen – eins davon steckte fest im Spatenblatt.

Ich setzte mich hin, zog am Stiel-Rest und drückte mit beiden Beinen gegen das Blatt. Ich zog und drückte, so stark ich konnte. Es muss ausgesehen haben wie ein Bauchmuskel-Workout mit einem obskuren Gerät, das man normalerweise bei Dauerwerbesendungen angepriesen bekommt. Mein Nachbar guckt seither immer skeptisch, wenn ich einen Spaten in der Hand halte.

In der Hoffnung, das Blatt würde sich lösen, schlug ich den Spaten auf den Boden. Keine Veränderung am Spaten, dafür am Pflasterstein: Eine Ecke war abgesprungen. Mir war, als mache sich der Spaten über mich lustig.

Ich drehte eine Schraube ein, um das Stielholz herauszuhebeln. Ich kam mir sehr schlau vor: Die Härte des Metallblatts und der Schraube gegen das Holz einsetzen! Die Stärke des Gegners ausnutzen, um ihn an seiner verwundbarsten Stelle zu treffen. Ich, der Sunzi der Gartengeräte-Guerilla. Ich hebelte. Der Stiel bewegte sich keinen Millimeter. Dafür verbog die Schraube. Es kostete mich einige Mühe und bestimmt fünf Minuten, sie wieder herauszuholen.

Ich drehte eine deutlich stabilere Schraube deutlich tiefer ein. Ich hebelte. Der Stiel bewegte sich keinen Millimeter. Dafür verbog die Schraube. Es kostete mich deutlich mehr Mühe und Zeit als bei Versuch Nummer eins, sie zu entfernen.

Offener Schraubenkoffer, offene Werkzeugkiste, Akkuschrauber – um mich herum sah es aus, als hätte ich schon richtig viel geschafft. Dabei war die Wurzel immer noch im Boden. Und das Loch, das ich eigentlich nach der Wurzel-Aktion schon längst für den neuen Kirschbaum hatte buddeln wollen, existierte weiterhin bloß in meiner Vorstellung. Ich saß da, schwitzend, fluchend. Und der Stiel steckte so fest wie zuvor.

Die nächste Idee: Feuer machen und das Holz herausbrennen. Dafür hätte ich aber ein ziemlich großes Feuer gebraucht. Weil der Spaten den Großteil seines Lebens im Freien verbracht hatte, war das Holz alles andere als trocken und zum Verbrennen mäßig geeignet. Und ich malte mir aus, wie das Spatenblatt sich durch die Hitze bis zur Unbrauchbarkeit verbiegen würde. Unbrauchbar war der Spaten mit halbem Stiel aber auch so, da konnte ich mir das Feuermachen sparen.

Ich erwog, das Spatenblatt irgendwo zu befestigen, den Stiel mit einem Seil am Auto festzubinden und ihn dann herauszuziehen. Aus dem Plan wurde nichts, weil mir auf die Schnelle keine geeignete Befestigung für das Spatenblatt einfiel. Schließlich kam ich auf den Gedanken, den Kern des Stiels herauszubohren und dadurch das festsitzende Holz zu lockern. Wenn der Kern erst mal raus ist, lässt sich der Rest leicht herausziehen.

Kurz überlegte ich, wie man eine Selbstverletzung beim Spatenstielkernbohren wohl in der Notaufnahme erklärt. Ich ignorierte meine Bedenken, die Wut auf den Spaten war stärker. Um möglichst viel Holz zu entfernen, wählte ich einen extrabreiten Bohrer.

Ich bohrte. Die Geräusche ließen erahnen, dass der Bohrer öfter Bekanntschaft mit dem Metall machte. Gut eine Stunde nach dem Stielbruch gab das Holz seinen Widerstand auf. Ein kräftiger Ruck und der Stielrest war aus dem Spatenblatt entfernt. Einer meiner besten Bohrer, teurer als der gesamte Spaten, war bei der Aktion draufgegangen. Aber ich hatte gewonnen.

Meine beiden anderen Spaten sind übrigens super. Bis jetzt habe ich mit ihnen noch jede Wurzel herausgehebelt bekommen. Und ein paar Wochen später tatsächlich das Loch für den Kirschbaum gegraben. Ich bin sicher, dass ihre Stiele viel stabiler sind als der des ersten Exemplars. Dessen Blatt nehme ich als Handschaufel. Und jedes Mal, wenn ich es benutze, denke ich über verlorene Lebenszeit nach.

PROFI-TIPP: Qualität beim Spatenkauf

Was macht einen guten Spaten aus? Helmut Selders weiß die Antwort. Er ist gelernter Baumschulgärtner, Inhaber einer Baumschule und Präsident des Bundes deutscher Baumschulen. Bei der täglichen Arbeit ist der Spaten für ihn und seine Mitarbeiter eines der wichtigsten Arbeitsgeräte.

Ein Spaten besteht aus zwei Teilen: Blatt und Stiel. Nur wenn beide gewisse Anforderungen erfüllen, wird man lange Freude an dem Gartenwerkzeug haben.

Das **Blatt** sollte aus geschmiedetem Eisen sein. Um Stabilität zu gewährleisten, sollte der Schaft, in dem der Stiel steckt, mindestens 20 Zentimeter lang sein und konisch zulaufen. Zwei Sicherungsschrauben sind ideal, um den Schaft fest mit dem Stiel zu verbinden. Der Schaft sollte den Stiel nicht rundherum umschließen, sondern nur durch zwei sogenannte Federn vorne und hinten.

Der **Stiel** sollte aus Hickory- oder Eschenholz sein. Diese Sorten sind geschmeidiger als etwa Eiche oder Buche, das macht Brüche unwahrscheinlicher. Es ist von Vorteil, wenn Stiel und Griff aus einem Stück Holz hergestellt sind. Selders empfiehlt statt eines Knaufs oder T-Griffs einen D-Griff – dieser bietet den sichersten Halt.

Wer den Spaten sorgfältig **reinigt**, erleichtert sich die Arbeit bei künftigen Projekten. Ein rostiges Blatt ist stumpf, entsprechend mehr bleibt daran haften – das macht das Graben anstrengender. Die Pflege eines Spatens ist unkompliziert: Einfach das Blatt nach Arbeitsende kurz mit Bürste und Gartenschlauch säubern. Vom Gebrauch einer Stahlbürste ist abzuraten. Diese würde das Blatt nur ankratzen und so Rostbildung begünstigen. Kontrollieren Sie auch, ob die Kante des Blattes noch scharf ist – etwa, wenn Sie in steinigem Boden gegraben haben. Mit einer Feile lassen sich kleine Dellen beseitigen. Wenn das Blatt sauber ist, sollte man es mit einem ölgetränkten Lappen einreiben. Ob Sie dafür Diesel, Haushaltsöl, Olivenöl oder Rapsöl verwenden, ist zweitrangig – Hauptsache Öl.

Ein gut gepflegter Spaten ist das Mittel der Wahl, um kleinere Wurzeln zu durchtrennen. Wichtig ist, dass sie noch nicht freigelegt sind, also nicht federn können, sonst kann es bei Spatenstichen zu einem Art Rückstoß kommen, der für den Heimwerker sehr schmerzhaft sein kann. Auch aus diesem Grund rät Selders von reinen Metallspaten ab. Diese geben Erschütterungen sehr viel direkter an den Benutzer weiter als Exemplare mit Holzstiel. Ist die Wurzel bereits freigelegt und federt, sollte man den Spaten eher weglegen und zu Astschere, Säge oder Axt greifen.

Thales, hilf!

Ich mag rechte Winkel. 90 Grad. Nicht 89, nicht 91,5. 90. Sie sind der Grund dafür, dass Regale gerade stehen, dass Gartentore nicht windschief aussehen, dass Türen nicht klemmen. Diese 90 ist eine magische Zahl. Oder eher mystisch, weil ich sie in der Realität nie erreiche.

Teil eins des Problems: Das Anzeichnen. Ich habe inzwischen drei Metallwinkel angesammelt. Nummer zwei und drei habe ich gekauft, weil Nummer eins etwas lose ist. Je nachdem, wie man ihn drückt oder schiebt, sind (mit dem Geodreieck nachgemessene) 89,5 bis 90,5 Grad drin. Flexibilität wird immer gelobt, bei Winkeln hat sie nichts verloren. Wenn ich eines gelernt habe: Winkel müssen aus einem Stück Material hergestellt sein, sonst wackelt es irgendwann.

Auch ohne Hilfsmittel weiß ich noch genug aus dem Mathe-Unterricht, um theoretisch einen rechten Winkel zu konstruieren, Satz des Thales, alles kein Problem. Praktisch ist aber ein Brett kein Blatt Konstruktionspapier. Meiner Erfahrung nach haben die beiden vor allem eines gemeinsam: dass beim Zeichnen der Bleistift nicht spitz genug ist, was zum ungenauen Ergebnis beiträgt. Und da habe ich die Säge noch gar nicht angefasst, womit wir bei der nächsten Schwierigkeit wären: dem Absägen.

Ich habe eine Schmiege mit Winkelskala. Ich habe aber aufgegeben, sie zu benutzen. Sie bestätigt mir ohnehin nur, was ich schon weiß. Dass ich krumm abgesägt habe und mir das Anzeichnen im Prinzip auch hätte sparen können. Da muss ich nicht unbedingt auch noch wissen, wie sehr ich gestümpert habe.

Beispiel Sandkasten. Der sollte auch quadratisch werden. Und theoretisch war das gar kein Problem. Sauber sägen, Holz anlegen, vorbohren, Schrauben rein, fertig.

Das Ergebnis in der Praxis: Der Sandkasten ist so sehr ein Quadrat wie RB Leipzig ein Traditionsklub. Von Weitem könnte man ihn dafür halten. Aber je näher man kommt, desto mehr merkt man: Stimmt doch nicht, allen Bemühungen zum Trotz. Die Unterkonstruktion ist nicht ganz passend, das Holz leicht verzogen, die Kanten nicht hundertprozentig glatt.

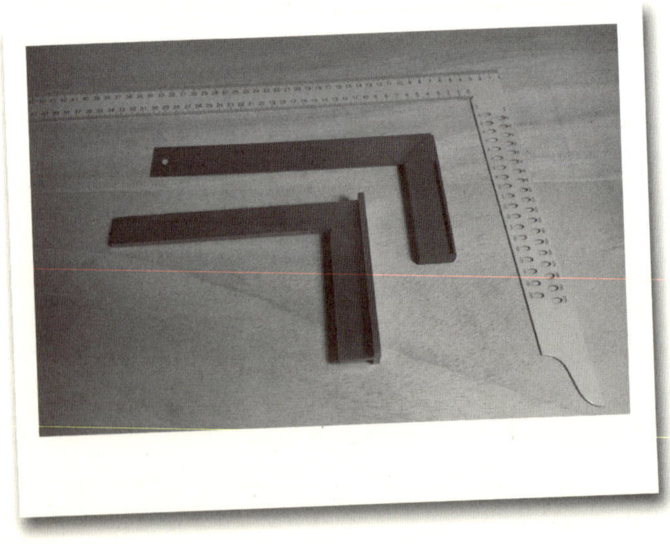

Was tun? Um das Problem in den Griff zu kriegen, sehe ich nur eine Lösung: Eines Tages wird mich eine hochmoderne, superpräzise Kapp- und Gehrungssäge an den Ort meiner Träume bringen – ins Parallel-Universum. Dort sind gegenüberliegende Seiten eines Sandkastens immer gleich weit voneinander entfernt. Und sich berührende Seiten stehen exakt im 90-Grad-Winkel zueinander.

Ich bin sicher, dass es so einen Ort gibt. Es muss ihn geben.

WAS WURDE AUS …?

Die Sache mit den rechten Winkeln hat sich ein wenig gebessert. Nach dem Motto »Viel hilft viel« sind noch zwei Werkzeuge hinzugekommen, die mir das Leben erleichtern: ein Winkel in Dreiecksform, der sich nicht verziehen kann. Und ein digitaler Winkelmesser, der letzte Zweifel beseitigt. Die ersten Arbeitsergebnisse mit ihnen sind vielversprechend. Ich hoffe, dass meine Winkelsammlung nicht noch weiter wachsen wird.

Behämmerte Idee

Heimwerken ist in mancher Hinsicht ein Abbild der Welt. Hier wie dort ist das Feine, chirurgisch Präzise wenig wert ohne einen Haudrauf, der der gemeinsamen Mission Nachdruck verleiht: Was wäre Terence Hill ohne Bud Spencer? Was bringt das tollste Auto, wenn der Motor zu schwach auf der Brust ist? Womit wir bei meinem Versuch sind, ein Stück Baumstamm auszuhöhlen. Dabei waren meine Stechbeitel die wichtigsten Werkzeuge. Aber ohne die Schlagkraft eines entsprechenden Holzhammers wären sie nutzlos gewesen. In dem Fall war es ein selbst gebasteltes Klopfholz, schnell zusammengeschustert aus einem Stück Rundholz, einem Rest Zaunpfosten und ein paar Schrauben. Damit ließ sich arbeiten. Aber so richtig angenehm liegt das Ding nicht in der Hand.

In mir wuchs der Wunsch, einen besseren Hammer selbst herzustellen. Im Idealfall sollte er hübsch anzusehen sein und ohne Schrauben auskommen – schon allein, um süffisant-spöttischen Blicken aus meinem nächsten Heimwerker-Umfeld zu entgehen.

Es gibt kaum ein archaischeres Werkzeug als den Hammer. Denkbar einfach, denkbar effektiv. Es kann ja kein Zufall sein, dass sich ausgerechnet die Redewendung »Das ist der Hammer« etabliert hat.

Bei so gut wie jedem anderen Werkzeug wäre ich vor der Eigenproduktion zurückgeschreckt. Ein schöner Holzhammer schien mir indes möglich. Das war vielleicht behämmert. Aber die Gelegenheit war günstig, weil ich das Material schon im Schuppen rumliegen hatte. Im schlimmsten Fall würde ich zwei Abfallstücke Holz verhunzt haben – auch kein großer Verlust.

Was soll ich sagen? Ich habe gesägt, gefeilt, geschliffen und gebohrt. Das Ergebnis gefällt mir. Der Hammer sieht so aus, wie ich ihn mir vorgestellt hatte. Er besteht nur aus Holz und ein bisschen Leim, von Schrauben keine Spur. Selbst wenn er sich als untaugliches Werkzeug entpuppen sollte, werde ich ihn gern anschauen.

Erste Tests sind indes vielversprechend verlaufen. Ich kann die Schlagkraft besser dosieren als mit dem alten Hammer. Und es kommt mir so vor, als fühlten sich meine Stechbeitel fast ein wenig geschmeichelt, von so einem hübschen Werkzeug ins Holz getrieben zu werden.

In der Hinsicht sind Stechbeitel wie Menschen, da bin ich ziemlich sicher: Wenn man schon eins obendrauf bekommt, dann wenigstens mit Stil.

WAS WURDE AUS …?

Das Leser-Echo auf meinen Hammerbau fiel recht durchwachsen aus. Manche beglückwünschten mich dazu, den Werkzeugbau versucht zu haben. Aber die meisten hatten – völlig berechtigt – etwas zu bemängeln: Mein Griff war zu dünn, der Hammer nicht vernünftig ausbalanciert, die Holzauswahl verkehrt.

Das stimmt alles, beim nächsten Hammerbau würde ich vieles anders machen, etwa bei der Form und Dicke des Griffes. Aber bislang kann ich mich über meinen Hammer nicht beschweren. Er ist regelmäßig im Einsatz und hat bislang wunderbar seinen Dienst getan. Ich habe mit ihm und einem Stechbeitel schon millimetergenau Konturen an Werkstücken herausgearbeitet. Ich habe aber mit dem Hammer und einem Beil auch schon ein Stück Eichenstamm von Rinde und Splintholz befreit.

Ich werde ihn nutzen, solange er heil bleibt. Insgeheim hoffe ich fast, dass er irgendwann kaputtgeht. Das wäre die ideale Gelegenheit, einen neuen und besseren zu bauen.

Mit Nut ist alles gut

Als Kind hatte ich eine Kiste für meine Bauklötze. Vier Seitenteile und ein Boden aus Holz, fertig. Denkbar einfach, denkbar praktisch. Und ich kann mich erinnern, dass sich mir jedes Mal eine Frage stellte, wenn alle Klötze zu einem Turm aufgeschichtet waren und ich den Boden der Kiste sehen konnte: Wieso zur Hölle fällt der nicht raus?

Er war von außen nicht verschraubt oder genagelt, das konnte ich sehen. Er war von innen nicht mit Keilen oder Ähnlichem fixiert. Er schien nur ganz genau zwischen die vier Seitenteile zu passen. Und er war so stabil, dass ich seine Position selbst mit gezielten Hüpfsprüngen nicht verändern konnte. Für mein kindliches Gemüt war die Sache mit dem Kistenboden ein Rätsel, anzusiedeln kurz hinter der Frage, warum die Erwachsenen mir Schokolade verboten, aber sich selbst nicht an diese Regel hielten.

Irgendwann kam mir schließlich die Erleuchtung: Der Boden steckte auf allen Seiten ein Stückchen in den Seitenteilen. Damals wusste ich noch nicht, was das Wort Nut bedeutet. Aber mir war instinktiv klar, dass die Nut eine wunderbare Erfindung ist. Und dass es einer wunderbaren Maschine bedarf, um so etwas Tolles herzustellen.

Inzwischen sind mehrere Jahrzehnte vergangen. Aber mit Bauklötzen spiele ich immer noch gern. Der Gedanke, selbst eine Kiste für ihre Aufbewahrung zu bauen, hat mich all die Jahre begleitet. Die Aussicht, eine Nut von Hand herstellen zu müssen, war allerdings abschreckend – bis ich mir eine Oberfräse zulegte. Es war Liebe auf den ersten Griff.

Zuerst habe ich mich mit ihr nur an Holzrändern bewegt. Jahrelang hatte ich mühsam von Hand scharfe Kanten gebrochen, mit Feile und Sandpapier. Es war langsam, anstrengend und ungenau. Im Gegensatz dazu war die Arbeit mit der Oberfräse schnell, leicht, präzise.

Wie ein Pianist, der endlich seinen Konzertflügel bekommt und gar nicht mehr aufhören will zu spielen, habe ich ständig gefräst, nur zum Spaß. Vor allem habe ich Holzkanten bearbeitet, also Fasen hergestellt. Gerade Fasen, runde Fasen. Kleine Fasen, große Fasen. Weil ich es endlich konnte. Ich spürte, dass die Fasen-Herstellung nur die Ouvertüre für mein eigentliches Ansinnen war: endlich selbst Nuten zu fräsen. Breite Nuten, schmale Nuten, flache Nuten, tiefe Nuten, runde Nuten, eckige Nuten. Und dann die Kiste zu bauen, die ich seit vielen Jahren vor meinem geistigen Auge sah. Mit einem Boden, der hält, weil er in Nuten steckt, die in die Seitenteile gefräst wurden.

Was soll ich sagen: Sogar mit einem primitiven und selbst gebauten Anschlag ließen sich die Nuten genau passend fräsen. Weil ich annahm, dass der Boden dieser Kiste genauso heftig beansprucht werden würde wie der meiner Kindheit, wählte ich 12-Millimeter-Sperrholz als Material. Vermutlich übertrieben, aber in jedem Fall stabil genug. Und angesichts der Maße der Kiste (75 mal 34 mal 36,5 Zentimeter) wäre mir mit einer geringeren Stärke nicht wohl gewesen.

Weil die Nuten der vier Seitenteile alle auf einer Höhe lagen, ließ sich der Boden problemlos einschieben und verleimen. Bei einem ersten Test hielt er so gut, dass ich vermutlich auf Leim hätte verzichten können. Aber die Erinnerung an kindliche Hüpf-Belastungstests ließ mich dann doch zum Holzkleber greifen.

Eigentlich hätte ich an diesem Punkt Feierabend machen können. Die Fräse hatte abgeliefert, mit Bravour bestanden, ich war noch immer genauso verliebt wie nach der ersten gefrästen Kante. Ich sah mich schon Kisten in Serie herstellen, für Werkzeug, Lebensmittel, Bücher. Doch weil es so gut lief, fräste ich weiter. Nuten für ein Brett, das die Kiste in zwei kleinere Fächer unterteilt. Und Nuten für zwei Schiebedeckel.

Eine Frage blieb indes noch offen: Wie sollten die Seitenteile zusammenhalten? Immanuel Kant hatte einst geschrieben, Aufklärung sei der »Ausgang des Menschen aus seiner selbstverschuldeten Unmündigkeit«. Ein wenig fühlte es sich bei mir auch so an: Die Oberfräse war der Ausgang aus meiner selbst verschuldeten Abhängigkeit von Schrauben und Nägeln.

Ich beschloss also, die Kiste komplett metallfrei zu bauen. Ich hatte noch einen kleinen Rundstab von acht Millimetern Durchmesser übrig. Daraus sollten sich doch Holzdübel herstellen lassen. Es wäre vermutlich professioneller gewesen, eine Flachdübelfräse zu benutzen – die hatte ich aber nicht und deshalb auch keine Flachdübel. Der Schwabe in mir sagte: Erst die Reste aufbrauchen!

Das Fräs-Karma übertrug sich auf die Verbindung aller Seitenteile mit Holzdübeln und das Einlegen des Bodens,

Verleimen inklusive. Ich hatte das Gefühl, die Oberfräse sei mein Heimwerker-Schutzengel, der über mich und mein Projekt wacht.

Als der Leim getrocknet war, blickte ich auf die Kiste. Ich fand sie nett anzusehen, aber die Kanten waren noch recht scharf. Früher hätte mich die Aussicht auf eine elendig lange Abrundungsarie mit Schleifpapier und Feile deprimiert. Nun lächelte ich in mich hinein, griff zur Oberfräse und nahm den Kanten innerhalb von zwei Minuten alle Schärfe und Gefährlichkeit.

Ich bin zuversichtlich: In einigen Jahren wird ein Kind auch meine Kiste einem Hüpftest unterziehen und sich fragen, warum der Boden nicht rausfällt. Wenn ich dieses Kind so auch auf den Pfad der Oberfräse führen würde, soll's mir nur recht sein.

Jauchzet, frohlocket!

Aus meinem Bastelschuppen tönt ein neuer Sound. Er geht ungefähr so: kriiieh – wuhuuiiii – krrrrrrk – zingggg. So klingt meine Tischkreissäge. Hach, herrlich. Musik in meinen Ohren. Was für die Menschheit die Erfindung des Rades war, ist für mich als Heimwerker der Kauf dieser Säge. Ein Quantensprung. Ich bin von der Heimwerker-Krabbelgruppe aufgerückt. Nicht zu den Profis, zugegeben. Aber zumindest zu den Vorschulkindern. Und ich freue mich wie ein Kind. Die Säge habe ich mir im Herbst besorgt, aber bei jedem Schnitt damit hatte ich das Gefühl: Ja, ist denn heut schon Weihnachten? Jauchzet, frohlocket! Der Klang des Sägeblattes im Holz ist wie mein persönliches Weihnachtsoratorium. Meine Säge kreischt nicht, sie singt.

Es war für mich ein fast andächtiger Moment, als ich sie zusammengebaut habe. Zum ersten Mal das Sägeblatt mit Flansch und Mutter festgespannt. Zum ersten Mal den Spaltkeil mit zwei Schrauben befestigt. Zum ersten Mal den Sägeblattschutz montiert. Zum ersten Mal die Höhen- und Winkeleinstellung getestet. Zum ersten Mal den Motor eingeschaltet. Und dann: der erste Schnitt. Ich nahm eine Holzplatte und zersägte sie in millimeterbreite Streifen. Warum? Weil ich es konnte, yeah!

Beim Sägen erinnerte ich mich an mühevolle Stunden mit Fuchsschwanz und Stichsäge. An versuchte Gehrungsschnitte, die im Ergebnis nur Brennholz lieferten. An vergebliche Versuche, exakt im rechten Winkel zu sägen. Und an ausgefranste Sägeränder, die einen sonst halbwegs gelungenen Schnitt verhunzten.

Was das Schnittbild angeht, war bislang meine Japansäge der Goldstandard gewesen. Ziemlich glatt, ziemlich gerade. Aber auf Dauer doch ein wenig ermüdend. Und ein Vergleich zeigte eindeutig, dass es in meinem Sägen-Team eine neue Nummer eins gibt. Der streng subjektive Streichel-Test an meiner Wange ergab, dass die Schnittfläche bei mit der Kreissäge geschnittenem Holz glatter ist als bei Holz, das ich mit der Japansäge zerteilt habe.

All das sind ja quasi nur Nebensächlichkeiten im Vergleich zu größeren Sägearbeiten, die ich nun nahezu mühelos erledigen kann. Ich habe einen Balken von fast drei Metern der Länge nach durchgesägt – zweimal. Das wäre früher eine elendige (und alles andere als präzise) Arbeit gewesen, selbst mit meiner alten Handkreissäge. Und jetzt? Gefühlt ist es gar keine Arbeit mehr, sondern eher ein Bastler-Vergnügen.

Auch andere Arbeiten, an denen ich bislang verzweifelt bin, sind nun ein Kinderspiel. Ich habe für ein kleines Tablett aus einem Reststück Balken dünne Brettchen gemacht. Ohne Tischkreissäge hätte mir allein schon der Gedanke daran die Lust auf dieses Projekt genommen. Mit ihr war das Material schnell und mühelos vorbereitet. Und es gelang mir auf Anhieb, die Brettchen mit sauberen Fingerzinken zu versehen. Nacharbeiten waren kaum notwendig; aber das Gefühl, notfalls auch einen Drittel Millimeter wegsägen zu können, ist einfach großartig.

Gibt es irgendwas, das mir an dieser Säge nicht gefällt? Abgesehen von den Unmengen an Sägemehl: das Risiko. Die Säge ist mit Abstand die gefährlichste Maschine in meiner Hobbywerkstatt. Der Witz, bei dem einer in der Kneipe drei Finger hebt und »Fünf Bier für die Jungs vom Sägewerk« bestellt, hat einen wahren Kern. Ein Verwandter hat an der Kreissäge zwei Finger verloren.

So leicht das Sägen geht, so vorsichtig bin ich. Ich achte peinlich genau darauf, dass meine Hände nie auch nur in die Nähe des Sägeblattes kommen. Ich schalte die Säge aus und warte, bis das Sägeblatt auch wirklich steht, ehe ich das Werkstück und Schnittreste wegnehme. Ich trage immer Augen- und Ohrenschutz. All das ist keine Garantie dafür, dass nichts passiert, ich weiß. Aber es mindert das Risiko.

Und ich kann mich umso mehr an meiner Säge erfreuen. Das kriiieh – wuhuuiiii – krrrrrrk – zingggg wird mich hoffentlich noch lange begleiten.

WAS WURDE AUS ...?

Die Tischkreissäge hat mein Sägensortiment entscheidend aufgewertet. Ich habe mich mit vielen Heimwerkern unterhalten – und der Konsens war, dass sich mit einem Fuchsschwanz, einer Japansäge, einer Stichsäge und einer Handkreissäge plus Führungsschiene schon sehr viele Arbeiten beim Heimwerken erledigen lassen. Auf meiner Wunschliste stehen dennoch auch noch eine Kapp- und Gehrungssäge sowie eine Bandsäge. Denn eines hat mich die Tischkreissäge gelehrt: Wenn man die Maschinen genau einstellt, sägen sie besser als ich es von Hand je könnte.

Kleine Sägenkunde

Kaum ein Werkzeug ist so vielfältig wie die Säge. Und von kaum einem gibt es so viele Typen, selbst wenn man sich nur auf Modelle ohne Motor beschränkt. Wer zumindest so tun will, als habe er Ahnung, kann mit ein paar Begriffen Expertise vortäuschen.

Geschränkt oder ungeschränkt

Hat nichts mit Bahnübergängen zu tun, sondern mit dem Sägeblatt. (Ach ja: Dass es auf keinen Fall stumpf sein sollte, ist Grundvoraussetzung. Sonst ist die Arbeit nicht nur mühsam, sondern auch gefährlich.) Geschränkt bedeutet, dass die Zähne des Sägeblattes ein wenig nach links oder rechts überstehen. Sie schaffen auf diese Weise genug Platz, damit das Sägeblatt nicht im Holz stecken bleibt. Ungeschränkte oder nur sehr wenig geschränkte Sägeblätter sind etwa dann sinnvoll, wenn man Holzdübel bündig absägen will, ohne das Material zu beschädigen, aus dem der Dübel herausragt – oder wenn extrem feine Schnitte gewünscht sind, zum Beispiel bei Furniersägen.

Viele Zähne oder wenige

Hat nichts mit Dentalhygiene zu tun, sondern wiederum mit dem Sägeblatt. Bei Schnitten quer zur Holzfaser empfiehlt sich eines mit vielen Zähnen – dadurch wird der Schnitt feiner und es gibt weniger Ausrisse. Für Schnitte längs der Faser ist dagegen ein Sägeblatt mit groberer Zahnung vorteilhaft.

Gespannt oder nicht

Hat nichts mit Neugier zu tun, sondern mit der Art, wie das Sägeblatt befestigt ist. Bei gespannten Sägen (auch Strecksägen genannt) ist das Sägeblatt an beiden Enden so fixiert, dass es nicht schlackert und ein sauberer Schnitt möglich ist. Beispiele sind etwa Gestellsäge, Bügelsäge, Laubsäge oder Puksäge.

Bei ungespannten Sägen (auch Heftsägen genannt) ist das Sägeblatt nur an einer Seite am Griff befestigt. Um ausreichend steif zu sein, muss das Blatt deshalb eine gewisse Breite und Dicke haben. Der wohl bekannteste Vertreter ist der Fuchsschwanz, auch die Feinsäge ist weit verbreitet. Eine besondere Form ist die Japansäge.

Zug oder Druck

Hat nichts mit der Bahn oder Stress zu tun, sondern mit der Art, wie die Säge sich durch das Material arbeitet. Wenn eine Säge auf Druck arbeitet, trägt sie beim Drücken – also quasi beim Vorwärtsschieben – Material ab. Wenn eine Säge auf Zug arbeitet, geschieht dies beim Zurückziehen der Säge. Letztere Methode kommt etwa bei Japansägen zum Einsatz. Das hat den Vorteil, dass das Blatt dünner sein kann und auch ohne großen Kraftaufwand sehr saubere und feine Schnitte möglich sind.

Rücken oder nicht

Hat nichts mit Kreuzschmerzen zu tun, sondern mit einer

Schiene, die den oberen Rand des Sägeblattes umschließt und dadurch verstärkt. Dies verleiht dem Sägeblatt Stabilität, die Gefahr des Verbiegens und Steckenbleibens beim Sägen wird minimiert. Der Nachteil: Wegen des Rückens ist nur eine begrenzte Schnitttiefe möglich.

Simplify your Schraubensortiment

Es ist fast schon zu einer Binsenweisheit geworden, dass die moderne Welt immer komplexer wird – und unser Leben gleich mit. Auch der Heimwerker kann sich dieser Entwicklung nicht entziehen. Alles differenziert sich immer weiter aus. Eine neue Stichsäge auszusuchen kann ein Projekt für mehrere Monate oder gar Jahre werden. Die Wahl des passenden Gartenschlauchanschlusses hat so manchen Bastler schon in einen Zustand der Lähmung versetzt.

Es gibt einen Ort im Baumarkt, an dem die Komplexität der Dinge und die Überforderung mit ihnen für mich deutlicher hervortritt als irgendwo sonst: das Schraubenregal. Wobei dieser Begriff selbstverständlich eine geradezu lächerliche Untertreibung ist. In jedem Baumarkt, der etwas auf sich hält, gibt es mindestens einen Schraubengang.

Klar, es gibt auch anderswo große Vielfalt, in der Farbabteilung etwa. Aber dort finde ich die Unterschiede idiotensicher: Das hier ist gelb und das hier ist blau. Vor dem Schraubenregal denke ich dagegen bloß: Das hier ist verwirrend. Ich stehe davor wie ein Schimpanse vor der Schalttafel im Atomkraftwerk: interessiert und ahnungslos. Sollte ich bei den Spanplattenschrauben zum Voll- oder

Teilgewinde greifen? Sollten die Schrauben verzinkt sein oder nicht? Ist die Maschinenschraube mit Sechskantkopf nun besser oder die mit rundem Kopf und Innen-Sechskant?

Wo wir schon beim Thema Schraubenköpfe sind: Warum zur Hölle gibt es gefühlte vier Milliarden verschiedene Typen? Okay, leichte Übertreibung, Wikipedia listet etwa 125 Stück. Aber das sind immer noch viel zu viele für meinen Geschmack. Schrauben ist wirklich Kopfsache.

Für mich war ein Kreuzschlitzexemplar mit Vollgewinde über viele Jahre das Idealbild einer Schraube. Frühkindliche Prägung, da kann man nichts machen. Ein kleiner Kübel solcher Schrauben stand in meinem Elternhaus im Kellerregal. Und soweit ich mich erinnern kann, leisteten sie uns gute Dienste. Beim Bau des Jägersitzes im Garten habe ich diverse davon versenkt.

Und heute? Für jeden Blödsinn gibt es eine Norm, vom Maximal-Wasserverbrauch öffentlicher Toiletten bis hin zum Sonnenschirm-Design in der Außengastronomie. Schrauben bilden da keine Ausnahme. Es gibt eine DIN-Norm für Sechskant-Passschrauben mit langem Gewindezapfen (nein, das habe ich mir wirklich nicht ausgedacht).

Oftmals gibt es harsche Kritik, wenn der Staat zu viel reguliert und als übergriffig empfunden wird. Bei den Schraubenköpfen würde ich mir ein bisschen Gängelung behördlicherseits gerne gefallen lassen. Ich bräuchte nur einen Satz Schraubenzieher, ein Set Bits, und alles wäre gut. Stattdessen sammle ich fleißig Schrauben und Bits jeglicher Couleur. Es ist bezeichnend, dass mein Bit-Sammelsurium in einem Kästchen lagert, das einst ein Einsteigerset

Schrauben beherbergte. Mein Schrauben-Sortiment füllt inzwischen drei Schraubenkoffer sowie diverse Eimerchen, Schachteln und zweckentfremdete Setzkästen. Trotzdem kommt es immer wieder vor, dass die passende Schraube fehlt. Womit ich erneut am Ausgangspunkt bin und mal wieder vor dem Schraubenregal im Baumarkt stehe.

Das muss aufhören. Simplify your Schraubensortiment ist das Stichwort, ich habe der Komplexität den Kampf angesagt.

Erster Schritt: Bei Holzschrauben (die bei mir etwa 95 Prozent aller Fälle abdecken) ignoriere ich alles, was keinen Torx-Kopf hat. Ich habe festgestellt, dass Torx-Köpfe bei meinen Schraubereien die geringste Wahrscheinlichkeit haben, auszunudeln. Wer jemals eine Schraube mühsam aus dem Holz heraussägen, -bohren und -klopfen musste, weil der Kopf völlig hinüber war, weiß das zu schätzen. Außerdem finde ich, dass man bei Torx auch mit wenig Kraftaufwand gute Ergebnisse bekommt. Und sie lassen sich gut herausdrehen, was bei fehleranfälligen Heimwerkern ein zusätzlicher Bonus ist. Ich spreche da leider aus Erfahrung.

Zweiter Schritt: Schrauben kaufe ich nur noch anlassbezogen. Die Zeiten der Allround-Sortimente sind vorbei. Wenn ich acht Zentimeter lange Spanplattenschrauben brauche, kaufe ich nur die und kein noch so verlockendes Kästchen, in dem noch zwei Zentimeter lange Exemplare mit drin sind. Wenn ich Glühbirnen brauche, kaufe ich ja auch passende Exemplare für normale Fassungen und kein Set, in dem noch Speziallämpchen für Kühlschränke und Autoscheinwerfer dabei sind.

Dritter Schritt: Altbestände abbauen. Aus mir inzwischen unerfindlichen Gründen finden sich in meinem Schraubensortiment noch zahlreiche Kreuzschlitzexemplare. Die verbaue ich wann immer möglich, um sie endlich loszuwerden und Platz für das Torx-Zeitalter zu machen. Allerdings gestaltet sich der Übergang fließend. Sonst bestünde ja die Gefahr, dass ich irgendwann – was für ein absurder Gedanke – gar keine Schrauben mehr zu Hause hätte. Im Klartext: Ich versuche, alte Schrauben diverser Sorten aufzubrauchen, um später neue Schrauben einer anderen Sorte benutzen zu können. Selbstverständlich kaufe ich aber schon jetzt fleißig neue, denn wo bliebe sonst der Spaß? Ich blähe mein Schraubensortiment also in der Hoffnung auf, es später zu reduzieren und einfacher zu gestalten.

Diese Art der Komplexitätsreduktion muss man erst mal vor sich selbst und anderen rechtfertigen, das erfordert ganz besondere Hirngymnastik. Hier zeigt sich einmal mehr: Schrauben ist wirklich Kopfsache.

KLEINE SCHRAUBENKUNDE

Versuchen wir, etwas Ordnung ins Chaos zu bringen. Worin unterscheiden sich Schrauben?

Material

Prinzipiell lassen sich Schrauben aus vielen Materialien herstellen: Holz, Keramik, Kunststoff, Stein, Metall. Letzteres ist das häufigste Material – ob aus Kupfer, Titan, Aluminium oder einer Legierung. Welche Schraube die richtige Wahl ist, hängt vom Einsatzzweck ab. Wer etwa eine Holzterrasse befestigen möchte, sollte auf jeden Fall rostfreie Schrauben benutzen. Hier sollte man nicht sparen; verrostete Schrauben sehen nicht nur unschön aus, sie brechen auch leichter.

Kopf

Schlitz und Kreuzschlitz sind Klassiker, die jeder kennt. Auch Sechskant – innen wie außen – kommt noch relativ häufig vor. Je sicherer das Schraubwerkzeug im Kopf sitzt und je weniger Kraft man aufwenden muss, desto besser. Manchmal empfiehlt sich deshalb der Griff zu einer Schraube, die mehrere Optionen bietet: ein Kreuzschlitz innerhalb eines Außensechskantkopfes etwa. Oder eine Kreuzschlitzschraube, die auch für Schlitzschraubenzieher ausgelegt ist, weil ein Schlitz bis zu den Seiten des Schraubenkopfes durchgezogen ist.

Kopfform

Senkkopf, Halbrundkopf, Linsenkopf, Flachrundkopf, Linsensenkkopf: Bei den Schraubenköpfen hat sich eine große Vielfalt entwickelt. Wer Stolperfallen vermeiden will, sollte einen Senkkopf wählen, der sich gut bündig zur Werkstückoberfläche eindrehen lässt. Aber manchmal ist gewünscht, den Schraubenkopf prominent zu zeigen, etwa bei Zierschrauben. Dann wäre wohl eher ein Halbrundkopf eine gute Wahl.

Gewinde

Dem Heimwerker werden vor allem zwei Gewindearten begegnen: Holzschrauben mit konischen Gewinden, die sich ihr Gegengewinde beim Einschrauben selbst schneiden. Dagegen sind Metallschrauben (oft auch Maschinenschrauben genannt) zylindrisch, brauchen immer ein Gegengewinde, etwa eine Mutter. Als Standard hat sich hier ein metrisches ISO-Gewinde oder Feingewinde etabliert. Gewinde unterscheiden sich in ihrer Steigung. Dieser Wert gibt vereinfacht gesagt an, welchen Weg die Schraube bei einer Umdrehung zurücklegt.

Bei einem Vollgewinde verläuft das Gewinde über die gesamte Länge der Schraube, von der Spitze bis zum Kopf. Bei einem Teilgewinde endet das Gewinde ein Stück unterhalb des Kopfes.

Ein Vollgewinde bietet bei Holzschrauben im Vergleich mehr Halt. Allerdings kann es sein, dass beide Teile nicht fest aufeinander gepresst werden, insbesondere, wenn nicht vorgebohrt wurde. Dieses Problem gibt es bei Teilgewindeschrauben eher nicht. Allerdings haben sie Nachteile, wenn das Material sich bewegt oder schwindet – etwa, wenn Holz trocknet. Dann hat die Verbindung plötzlich Spiel.

Länge

Hier ist Vorsicht geboten: Wo beispielsweise 80 Millimeter Länge draufsteht, ist nicht immer 80 Millimeter Länge drin. Bei manchen Schraubenarten bezieht sich diese Angabe nur auf die Länge des Gewindes (plus eventuell Schaft) – den Kopf muss man dazurechnen. Dies ist der Fall, wenn der Kopf nicht dazu gedacht ist, im Material versenkt zu werden.

Zum Schluss ein guter Rat

Ganz gleich, welche Schrauben Sie zu Hause haben: Widerstehen Sie der Versuchung, bei einem Projekt alle Restposten zu verarbeiten. Sollten Sie Ihr Werk irgendwann reparieren oder abbauen wollen, ärgern Sie sich bloß, wenn Sie für jede Schraube einen anderen Schraubenzieher oder Bit brauchen.

Sanitär &
Fliesen

Duschvorhang gerade, Haussegen schief

Darf ich Ihnen einen Tipp geben? Wenn Sie in Fliesen bohren wollen, lassen Sie es bleiben. Diese Erkenntnis verdanke ich diversen Versuchen, von denen kein einziger befriedigend verlaufen ist. Falls sich das Bohren partout nicht vermeiden lässt, visieren Sie dabei unbedingt die Fugen an. So wie ich, als ich jüngst eine Duschvorhangstange anbrachte. Na ja, vielleicht besser nicht ganz so wie ich. Doch dazu gleich mehr.

Es gab zwei Befestigungselemente für die Wand und eine zusätzliche Deckenhalterung. Macht viermal Bohren in die geflieste Wand und einmal in die Betondecke. Ich schaltete auf Bohrer-Autopilot. Fuge, Fuge, Fuge, Fuge, Decke, ich wurde eins mit der Bohrmaschine. Eine halbe Stunde später stellte ich überrascht fest, dass alles geklappt hatte. Die Stange war waagerecht und hielt bombenfest. Hatte ich statt weiterer Fliesen möglicherweise endlich meinen Fliesen-Fluch gebrochen?

Im Prinzip ja. Doch mein Fokus auf die Fugen hatte mir den Blick für ein nicht ganz unwichtiges Detail verstellt. Das merkte ich, als ich voller Stolz der Dame des Hauses mein Werk zeigte. Ich erwartete zwar keine ausführliche Würdigung, aber zumindest ein »Sieht gut aus«.

Stattdessen kam eine rhetorische Frage. »Ist das nicht ein bisschen hoch?« Mein halbherziges »Ach Quatsch!« hatte keine Minute Bestand. Dann war der Duschvorhang ausgepackt. Und es war sofort klar, dass die untere Kante rund 30 Zentimeter über dem Boden schweben würde.

Als ob das nicht schon nervig genug gewesen wäre, kam noch ein Satz mit »doch« hinterher: »Aber du wusstest doch, wie lang der Vorhang ist.« Stimmt leider, ich wusste es tatsächlich, ich hatte den Kauf des Vorhangs sogar persönlich abgesegnet. Aber im Rausch meines Bohrerfolges hatte ich die Maße vergessen. Mir blieben zwei Möglichkeiten: Fight or flight. Das eigene Gemurkse einzugestehen oder in die Offensive zu gehen. Ich entschied mich für Variante zwei, im Hinterkopf die immer gültige Pfuscher-Weisheit: »Es ist 'ne Variante.«

Wir könnten den Vorhang doch um 90 Grad drehen, sagte ich. Ging nicht, wegen der Ösen für die Haken und der eingenähten Beschwerungsleiste. Die Stange muss so hoch sein, sonst stößt sich mein zwei Meter großer Kumpel den Kopf an, wenn er zu Besuch ist, sagte ich. Der freundlichen Frage, ob wir dafür ein überflutetes Bad in Kauf nehmen wollten, hatte ich nichts entgegenzusetzen.

In Gedanken sah ich mich schon die Stange wieder abbauen. Ich würde eine Fliesenreihe tiefer neue Löcher bohren. Dabei würde garantiert etwas schiefgehen. Die Stange würde nicht gerade hängen. Und die ersten Bohrlöcher wären auf ewig sichtbar, Mahnmale meines Scheiterns. Auf keinen Fall. Die Lösung fand sich in der Bastelschublade. Mit Bindfaden verlängerte ich die Aufhängung des Vorhangs um gut 30 Zentimeter. Dadurch war der Haussegen wieder einigermaßen hergestellt. Und die Dusche samt Vorhang lässt sich problemlos benutzen, der zwei Meter große Kumpel hat es letztens ausprobiert.

Für mich ist das nur ein schwacher Trost. Es kränkt meine Heimwerkerehre, dass ich mich mit Bindfaden retten musste. Frei nach Bertolt Brecht: Und so sage ich betroffen / Der Vorhang hängt und oben ist er offen.

PROFI-TIPP: Wie bohre ich richtig in Fliesen?

Wer Löcher in Fliesen bohrt, kann viel falsch machen. Karsten Tiedemann ist Fliesenlegermeister und öffentlich bestellter und vereidigter Sachverständiger für das Fliesen-, Platten- und Mosaiklegerhandwerk. Er erklärt, wie es richtig geht.

Bevor man die Bohrmaschine anfasst, sollte man wissen, was hinter der Fliese ist. Verlaufen in der Wand oder im Boden Kabel, Rohre, durchbricht das Loch Abdichtungen? Und darf ich überhaupt bohren? Wer zur Miete wohnt, sollte den Vermieter fragen – auch, ob der Ersatzfliesen hat. Sonst könnte es beim Auszug Probleme geben.

In welches Material bohre ich? Handelt es sich um Steingutfliesen oder Feinsteinzeug? Erstere werden bei rund 800 Grad gebrannt, Letztere bei 1100 bis 1200 Grad – das macht Feinsteinzeug härter. Am Material entscheidet sich die Auswahl des Bohrers. Für beide Sorten Fliesen gibt es im Fachhandel spezielle Bohrer mit Diamantkopf. Normale Betonbohrer sind nicht zu empfehlen und im Zweifelsfall nutzlos: In Feinsteinzeug kommt man damit gar nicht erst rein.

In der Fuge oder in der Fläche bohren? Einfacher ist es in der Fuge. Die ist weicher und bietet dem Bohrer mehr Grip.

Um nicht abzurutschen, gibt es für Bohrmaschinen spezielle Fixierungshilfen. Alternativ kann man auch mit einem Körner ein kleines Loch schlagen, um dem Bohrer Führung zu geben. In dem Fall sollte man vorher durch Abklopfen prüfen, ob hinter der Fliese Hohlräume sind. Falls ja, kann ein Schlag mit dem Körner die ganze Fliese zerstören. Beim Bohren sollte die Schlagfunktion der Maschine ausgeschaltet sein.

Es ist auch ohne Schlag kaum zu vermeiden, dass sich rund um das Bohrloch kleine Splitter von der Fliese lösen. Grund ist die Oberflächenspannung der Glasur, die die Fliese beim Brennen erhält. Minimieren lässt sich das Absplittern, indem man ein Stück Klebeband über die Bohrstelle klebt und dafür sorgt, dass die Maschine nicht eiert.

Falls Sie irgendwann einmal ein Loch in einer Fliese schließen wollen, empfehlen sich Spachtelmasse oder Fugenmörtel – und ein Trip in die Kosmetikabteilung: Im Nagellack-Sortiment findet sich bestimmt genau der passende Farbton, um das Loch optisch zu kaschieren.

Die eierlegende Wollmilchsau für die Dusche

Mein Traum als Heimwerker ist immer, für ein Problem keine Not-, sondern eine Dauerlösung zu finden. Oft bleibt dieser Wunsch unerfüllt. Aber manchmal liegt die Lösung ganz nah, und ich brauche trotzdem Jahre, bis ich auf den Trichter komme. Dabei handelt es sich in diesem Fall um etwas so Profanes wie die Aufbewahrung für die Duschutensilien.

Wohin mit Shampoo und Duschgel? Zu Studentenzeiten stellte sich die Frage gar nicht. Die Flaschen wurden einfach auf den Boden gestellt. Mit anderen Worten: Jedes Mal, wenn man sich in der kleinen Dusche bückte, um nach der Flasche zu greifen, klebte der nasse Duschvorhang am Hinterteil.

Danach gab es die Saugnapf-Phase, an die ich mich nur sehr ungern erinnere. In meinen Duschen muss es mindestens fünf Saugnapf-Körbchen gegeben haben. Aus Plastik, aus Metall, mit normalen Saugnäpfen und mit Saugnäpfen, die eine Art Gegengewinde hatten. Saugnapf-Körbchen mit zwei Fächern, mit drei Stockwerken, mit einem, zwei, drei oder vier Saugnäpfen. Sie unterschieden sich vor allem in einer Hinsicht: Wie lange es dauerte, bis sie runterfielen. Es gibt Saugnäpfe, um riesige Glasscheiben hochzuheben, aber seit meinen Erfahrungen mit den Saugnapf-Körben in der Dusche glaube ich nicht mehr an die Dinger. Auf einer Fläche, die immer wieder nass wird und – wenn man nicht vom Putzteufel besessen ist – auch ein bisschen Kalk ansetzt, habe ich Saugnäpfen abgeschworen.

Ich war aber auch abgeneigt, für Shampoo und Duschgel Löcher in die Duschwand zu bohren. In meiner Vorstellung ist jedes derartige Loch der Ausgangspunkt für einen Wasserschaden.

Was also tun? Als ich mich schon darauf eingestellt hatte, wieder zu den Anfängen und den Shampooflaschen auf dem Boden zurückzukehren, kam mir eines Abends ein Geistesblitz, zumindest für meine Verhältnisse: die Quadratur des Shampooflaschen-Kreises, die eierlegende Wollmilchsau für die Dusche. Eine Lösung, die alles bietet, was ich wollte: geringe Kosten, keine Löcher in Fliesen und Fugen, alles rückstandslos zu entfernen, so einfach zu verkleinern wie zu erweitern und in Minuten zu installieren.

Ich habe mir für wenige Euro ein paar kleine Plastikkörbe besorgt und Löcher in die Böden gebohrt, um zu verhindern, dass sich Wasser darin sammelt. Außerdem habe ich eine Spannstange besorgt, die normalerweise zwischen gegenüberliegenden Wänden eingesetzt wird, um daran einen Duschvorhang aufzuhängen.

Die Stange passt durch die Grifflöcher der Körbchen. Und sie hat die richtige Länge, um sie zwischen die gefliesten Wände meiner Dusche zu spannen. In jeder beliebigen Höhe, so nah an oder weit weg von der Rückwand wie ich will. Und im Zweifelsfall braucht es nur zwei Handgriffe, um sie zu verschieben oder abzunehmen. So lassen sich jederzeit weitere Körbchen hinzufügen, insgesamt ist Platz für fünf Stück.

Derzeit hängen drei Körbchen dort. Sie bieten Platz für etwa 15 Flaschen. Mehr als genug für eine Familie, sollte man meinen. Und falls es doch nicht reichen sollte, kaufe ich einfach noch ein paar Körbchen, eine weitere Stange und freue mich, dass mir nasse Duschvorhänge und herunterfallende Utensilien-Behälter erspart bleiben.

Tropfenweise Frust

Plopp. Plopp. Plopp.

Das Geräusch hallt durch das Haus. Nicht laut, aber so eintönig gleichmäßig, dass es schon nach wenigen Minuten zum Soundtrack des Heimwerkerlebens geworden ist.

Plopp, plopp, plopp.

Meistens geschieht es abends, kurz vor dem Schlafengehen. Gedanklich ist man schon beim Zähneputzen. Und dann:

Plopp, plopp, plopp.

Ein Wasserhahn tropft. Man versucht, das Geräusch zu ignorieren, hofft, dass es aus der Spülmaschine oder der Regentonne kommt. Aber man weiß: Das ist Wunschdenken. Fluchend macht man sich auf den Weg in Richtung des Geräuschs. Und erblickt das Problem – ein Wassertropfen, der sich noch am Hahn festhält, als wolle er provozieren: Schau mal, hier bin ich, gleich falle ich runter, und du kannst nichts dagegen tun.

Die Hoffnung, man könne die Sache durch gründliches Abwischen mit einem Handtuch erledigen, erweist sich schnell als trügerisch. Der nächste Tropfen kommt bestimmt. Spätestens jetzt ist klar, dass sich Zähneputzen und Schlaf um unbestimmte Zeit verschieben. Es hilft nichts, der Wasserhahn muss zerlegt werden, um an die Ursache des Problems heranzukommen. Es ist unausweichlich. Aber man bereut es trotzdem schon nach wenigen Minuten. Wo Schraubverbindungen zu lösen sind, sind die Gewinde so verkalkt, dass die Teile wie miteinander verschweißt sind.

Es folgt der Griff zur Wasserpumpenzange. Man weiß gar nicht genau, wo man ansetzen muss, aber untätig kann man nicht bleiben. Die Zange verkratzt die Armatur. Das Flüche-Konto verzeichnet stetigen Zuwachs.

Irgendwann legt man die letzte Zurückhaltung ab. Und wenn es das Letzte ist, das man im Leben tut: Dieser Wasserhahn wird in seine Bestandteile zerlegt. Der Kraftaufwand übersteigt deutlich den Verstand, hektische Internetsuchen steigern lediglich Verwirrung und Frust statt Klempner Know-how.

Und dann, plötzlich, geht doch eine Schraubverbindung auf, kommt einem ein Dichtungsring entgegengefallen, der schon Rentenansprüche anmelden könnte. Ob er tatsächlich Ursache der Tropf-Misere ist, weiß man nicht. Aber mehr als ein Austausch fällt einem nicht ein.

Wobei, Austausch: Das sagt sich so leicht. Wenn der passende Dichtungsring im Schuppen vorrätig ist, wäre das eine Überraschung. Und wenn das Gummi dann noch geschmeidig und nicht porös wäre, müsste man fast schon von einer Sensation sprechen.

Sensation! Tatsächlich ein brauchbarer Dichtungsring! Wo musste der noch mal hin?

Wenn die Dichtung dann ausgewechselt und der Wasserhahn wieder zusammengesetzt ist, legt man sich ins Bett. Das innere Gleichgewicht kommt aber erst viel später zurück. Hellwach liegt man da, ängstlich auf ein erneutes »Plopp, plopp, plopp« wartend.

Wenn Sie dafür abends keinen Nerv mehr haben oder lieber auf den Klempner warten: Legen Sie ein Handtuch ins Waschbecken. Das löst zwar nicht das Problem, aber es dämmt den Sound.

PROFI-TIPP: Was tun bei einem tropfenden Wasserhahn?

Warum tropft ein Wasserhahn? Und worauf ist bei der Reparatur zu achten? Jürgen Engelhardt, gelernter Installateur und Geschäftsführer des Fachverbandes Sanitär-, Heizungs-, Klima- und Klempnertechnik Niedersachsen, weiß Bescheid.

Man sollte sich immer klarmachen: Wer an einem Wasserhahn herumschraubt, arbeitet an einer Lebensmittelleitung. Saubere Hände und sauberes Werkzeug sind Pflicht. Sonst besteht die Gefahr, Trinkwasser zu verunreinigen, etwa mit Bakterien. Wenn Sie für die Reparatur in Hauswirtschaftsraum oder Keller das Wasser abstellen oder die Wand aufstemmen müssen, ist für den Heimwerker Schluss – dann ist ein Profi gefragt. Wenn sich das Wasser vor Ort (in der Regel an den Eckventilen unter dem Waschtisch oder der Spüle) abstellen lässt, können Sie selbst ihr Glück versuchen. Es empfiehlt sich, die Ventile einmal pro Jahr auf- und zuzudrehen, damit sie benutzbar bleiben.

Wenn ein Wasserhahn tropft, ist normalerweise eine Dichtung kaputt, ein Verschleißschaden. Hochwertige Markenarmaturen erhöhen die Chance, Ersatzteile zu bekommen.

Dichtungen können aus Gummi, Kunststoff oder Keramik sein. Gummidichtungen finden sich meist bei Armaturen mit zwei Griffen für Warm- und Kaltwasser und können ausgetauscht werden. Bei Einhebel-Hähnen befinden sich die Keramik-Dichtungen in der sogenannten Kartusche. Diese wird meist komplett ersetzt.

Mit einer Wasserpumpenzange kommt man nicht weit und verkratzt bloß alles. Engelhardt empfiehlt eine Chromzange, eine Art verstellbaren Schraubenschlüssel, für den es auch Kunststoffbacken gibt. Hilfreich können auch Schraubendreher, Inbusschlüssel und gegebenenfalls eine Zange zum Entfernen von Sicherungssplinten sein. Und am besten ein Tuch in das Waschbecken legen, damit nichts in den Abfluss fällt.

Wer sich nicht genau merken kann, wie man einen Wasserhahn wieder zusammensetzt, sollte ihn auch nicht auseinanderbauen. Für den Zusammenbau sollte man ein vom Umweltbundesamt für Trinkwasser freigegebenes Schmiermittel nehmen und gegebenenfalls die Dichtflächen reinigen. Sonst besteht die Gefahr, dass die neue Dichtung nicht funktioniert oder die Armatur sich schwerer bedienen lässt.

Wenn alles wieder zusammengesetzt ist: Das Wasser langsam aufdrehen und dann mindestens drei Minuten laufen lassen.

Wer sich einen Vorrat an trinkwassertauglichen Gummi-

Dichtungsringen zulegen will, sollte sie UV-geschützt, trocken und dunkel lagern.

Ach ja: Ein Wasserhahn kann auch gewollt tropfen, wenn er an ein Untertischgerät angeschlossen ist, etwa an einen Warmwasserspeicher unter einer Spüle. Wenn das Wasser angewärmt wird, dehnt es sich aus. Dann tropft der Hahn möglicherweise, damit der erhöhte Wasserdruck nicht den Speicher beschädigt. Allerdings hört das Tropfen dann auch irgendwann wieder auf.

Alte Bekannte

Ich mag den Spruch »Man sieht sich immer zweimal im Leben«. Er erinnert daran, freundlich zu sein, weil man nie weiß, wann man jemandem wieder begegnet und ob man dann einen Gefallen von ihm braucht. Aber wenn es um all jenes geht, was im Abfluss verschwindet, könnte ich auf »Man sieht sich immer zweimal im Leben« gut verzichten. Denn dann kniet man irgendwann in der Dusche und muss eine stinkende Pampe beseitigen.

Es ist ja nicht so, dass es keine Vorzeichen gegeben hätte. Schon eine Weile lang war das Wasser in der Dusche nicht mehr zügig abgeflossen. Und beim Abfließen machte es seltsam gurgelnde Geräusche. Wenn die Brause abgestellt war, blieb auf dem Duschboden noch für eine Weile eine kleine Pfütze stehen. Macht ja nix, dachte ich. Solange nach ein paar Minuten alles Wasser weg ist, stört mich das nicht weiter.

Allerdings wurde die Pfütze irgendwann so groß, dass sie auf den Rest des Badezimmers überzugreifen drohte. Aussitzen ging nicht mehr. Die Indizien waren eindeutig: Der Abfluss war verstopft.

Kurzzeitig erwog ich, eine Chemiekeule einzusetzen. Alles, was den Abfluss verstopft, einfach wegätzen. Hatte ich schon einmal bei einer Toilette gemacht und war mit dem Ergebnis zufrieden. Aber wegen der Umweltbilanz hätte ich bei einem Chemieeinsatz Bauchschmerzen gehabt. Und vermutlich auch Kopfschmerzen, weil das Zeug nicht besonders angenehm riecht. Abgesehen davon: Ich fürchtete, aggressive Chemikalien könnten womöglich Dichtungen in Mitleidenschaft ziehen. Und schlimmer als ein verstopfter Abfluss ist nur noch ein undichter Abfluss.

Deshalb entschied ich mich für die konservative Methode, echte Handarbeit. Die Metall-Abdeckung des Abflusses herausgehebelt, die Geruchssperre herausgenommen. Was dabei zum Vorschein kam, hätte ich wirklich nicht ein zweites Mal sehen müssen. Eine Schmiere, haptisch irgendwo zwischen altem Aal und vollgerotztem Papiertaschentuch, muffig und schleimig.

So ekelhaft er auch war, der graubraune Glibber wies einige bemerkenswerte Eigenschaften auf. Er war sehr flexibel, aber irgendwie auch ziemlich klebrig. Also exakt so, dass er nur äußerst mühsam zu entfernen war. Er hatte sich wie eine Haut um das Innenleben des Abflusses gelegt. Es dauerte eine Viertelstunde, bis der Schmutz beseitigt war.

Zu dem Zeitpunkt sah ich – verschwitzt und dreckig – aus, als könnte ich eine Dusche gut vertragen. Aber zum Duschen hätte ich einen funktionierenden, unverstopften Abfluss gebraucht. Nachdem ich Geruchssperre und Metallgitter wieder eingesetzt hatte, ließ ich für die Dauer eines normalen Duschbades das Wasser laufen. Und siehe da, weit und breit keine Pfütze. Keine gurgelnden Geräusche. Einfach nur Wasser, das zügig abfloss.

Aus der Episode habe ich für mich eine Lehre gezogen.

Künftig werde ich mich beim geringsten Anzeichen eines verstopften Abflusses sofort um das Problem kümmern. Wenn es mir schon nicht erspart bleibt, gewisse Dinge im Leben zweimal zu sehen, will ich wenigstens duschen können, ohne hinterher in einer Pfütze zu stehen.

Ein Hauch von Ewigkeit

Manchmal frage ich mich, ob Handwerker darüber nachdenken, dass sie sich mit ihrer Arbeit in gewisser Weise ein Denkmal setzen. Überlegt sich der Maurer, dass das Haus, das er gerade baut, in hundert Jahren immer noch stehen wird? Ist sich der Zimmermann darüber im Klaren, dass sein Dachstuhl dereinst vielleicht historischen Wert haben wird? Und verschwendet der Fliesenleger einen Gedanken daran, dass sein Werk irgendwann einmal vielleicht für Archäologen interessant werden könnte?

Wer baut, spürt oft einen Hauch von Ewigkeit. Gut, bei der schnell zusammengeschraubten Rankhilfe für die Himbeerpflanze mache ich mir keine Illusionen. Das Ding kann froh sein, wenn es den nächsten Sommer überlebt. Aber der Gedanke reizte mich, mit einem Projekt die Chance zu haben, etwas Widerstandsfähiges zu hinterlassen.

So landete ich beim Thema Fliesen. Wenn ein Material gute Chancen hat, die Zeiten zu überdauern, dann sie. Schließlich gibt es Exemplare, die schon mehrere tausend Jahre alt sind. Bei aller Begeisterung für Fliesen wollte ich mich aber beim ersten Versuch lieber an einer unproblematischen Fläche ausprobieren. Ansonsten hätte ich befürchtet, irgendwann von einem Boden oder einer Wand meine Fliesen wieder wegklopfen zu müssen. Also entschied ich mich dafür, eine Holzplatte zu verfliesen, die später Teil eines Tisches werden sollte. Nichts Großes, keine komplizierten Muster. Einfach nur ein paar größere Fliesenstücke und zwei Streifen Mosaikfliesen, um mich mal auszuprobieren.

Fliesen haben eine Menge hervorragende Eigenschaften: Sie sind hart, widerstandsfähig und leicht zu pflegen. Leider sind sie auch beschissen zu bearbeiten. Ich würde lieber wie ein Biber einen Baum abnagen anstatt mehr als zehn Minuten an der Fliesenschneidemaschine zu verbringen. Dieses Gerät und ich werden keine Freunde mehr.

Wenn ich mich recht entsinne, hatte ich ein Paket mit neun Fliesen gekauft. Für meine Platte hätte ich nur drei gebraucht, um insgesamt sechs gleich große Stücke abzuschneiden. Tatsächlich hätten aber nicht weniger als neun Fliesen im Paket sein dürfen, denn ich benötigte einige Versuche, um einigermaßen mit dem Fliesenschneidegerät zurechtzukommen. Ich produzierte mehr Ausschuss als verwertbare Ware. Schnell bereute ich, nicht voll auf Mosaikfliesen gesetzt zu haben. Der Zuschnitt der Matten war kinderleicht, mit einem Taschenmesser problemlos zu erledigen.

Als alles zugeschnitten war, ging mir das Fliesenlegen selbst zu meiner eigenen Überraschung ziemlich gut von der Hand. Selbst der Fliesenkleber ließ sich mit einer Zahnkelle problemlos verteilen. Auch ohne Fugenkreuze schaffte ich es, die größeren Stücke und die Mosaikfliesen auf meiner Platte zu verteilen. Ich war zufrieden und begann bereits, mich auf das Verfugen zu freuen. Vorher gab es ja nur noch eine kleine Sache zu erledigen, was sollte da schon passieren?

Oh, wenn ich das doch nur niemals gedacht hätte. Vor dem Verfugen wollte ich L-Profile aus Aluminium rund um die Platte schrauben, um zu verhindern, dass der Fugenmörtel über die Ränder fließt. Um es beim Anschrauben leichter zu haben, drehte ich meine geflieste Platte um, mit den Fliesen nach unten.

Rückblickend weiß ich nicht mehr, wie ich auf so eine bescheuerte Idee kommen konnte. Schwerkraft in Verbindung mit noch nicht getrocknetem Fliesenkleber ist eine ziemlich ungünstige Kombination. Es kam, wie es kommen musste: Eine der Fliesen fiel ab und zerbrach.

Immerhin blieb es bei diesem einen Verlust. Ich kratzte den restlichen Kleber ab, verteilte neuen und ersetzte das Stück (gut, dass ich ausreichend Fliesen gekauft hatte). Ich redete mir ein, Laien würden das gar nicht bemerken.

Aber selbst Laien können auf den ersten Blick sehen, dass ich die Fliesen vielleicht doch nicht ganz so toll verteilt hatte. Das wurde leider beim Verfugen sehr deutlich.

Fliesen zu verfugen ist eine der seltsamsten Tätigkeiten, die ich kenne. Erst macht man alles dreckig, nur um kurze Zeit später wieder alles sauber zu wischen. Immer schön diagonal ging ich mit Fugengummi und Schwammkelle über die Fläche, um den Mörtel gut in die Fugen einzuarbeiten. Und weil das bei einer Fläche von rund 100 mal 50 Zentimetern nicht ewig dauert, konnte ich mir bald das Gesamtergebnis anschauen: eine Tischplatte aus Fliesen, die Fugen gefüllt, das Ganze nass glänzend.

Nun ja. Als Tischplatte, vielleicht als Abstellfläche für

Topfpflanzen, mag das Ding herhalten. Aber ich hoffe nicht, dass mein erstes Fliesenwerk die Zeiten überdauert. Sonst würden Archäologen dereinst doch eine ziemlich seltsame Vorstellung von den handwerklichen Fähigkeiten der Menschen zu Beginn des 21. Jahrhunderts bekommen.

Farben &
Innen-
ausstattung

Die Schnauze gestrichen voll

Ein persönliches Bekenntnis: Ich bin kein Freund von Tapeten. Dafür gibt es keinen rationalen Grund. Ich vermute eher eine emotionale Prägung in meiner Kindheit. Die Wände im Haus meiner Oma waren ziemlich krumm. Tapeten ließen sich dort selbstverständlich trotzdem anbringen. Allerdings war jedes Muster eine Herausforderung, weil die Krümmung der Wände garantierte, dass die Rosenblüte auf der einen Tapetenbahn nicht mit dem Rosenstiel auf der anderen Tapetenbahn zusammenpasste. Tapezieren war eine elendige Arbeit.

So wurde es mir zumindest erzählt; ich selbst war damals zu jung, um zu helfen. Zum Glück, wenn man die Geschichten glauben mag. Bei mir zu Hause sind die Wände gerade. Tapeten gibt es trotzdem so gut wie keine, die emotionale Prägung hat Langzeitwirkung – und unausweichliche Folgen. Weil man die Wände schlecht in Verputz-Grau lassen konnte, zwang mich meine Tapeten-Abneigung zum Streichen. Und das ist auch nicht gerade meine Lieblingsbeschäftigung.

Ich kann hübsch gestrichenen Räumen durchaus etwas abgewinnen. Wenn sie jemand anders streicht. Mich ermüdet schon die Aussicht auf die ganzen Vorbereitungen. Damit meine ich nicht das Spachteln und Schleifen, die sind für sich genommen schon die Hölle. Nein, es geht um das ganz Normale: Zimmer ausräumen, Fenster und Türen abkleben, Boden abdecken. Bevor man auch nur einen Farbklecks an der Wand hat, gehen Stunden ins Land. Und dann: Tiefengrund verteilen, Farbe anrühren, Farbe mit Pinsel und Rolle verteilen, trocknen lassen und dann der zweite Anstrich.

Wenn alles fertig ist, wenn die Abdeckungen entfernt und das Klebeband abgerissen ist, sieht man das Elend: Ein wenig Licht fällt von der Seite auf die Wand und offenbart durch das Schattenspiel erbarmungslos jede Unebenheit, jeden zum Hügelchen getrockneten Farbklecks. Es lässt sich sehr gut nachvollziehen, an welchen Stellen der Pinsel Borsten verloren und die Farbrolle kleine Klümpchen zurückgelassen hat.

Die Gesamtansicht offenbart zudem einen Anblick wie im Fußballstadion, wo der Rasen in Bahnen nach vorne oder hinten gewalzt wurde. Klar, es ist überall Rasen. Aber die Walzrichtung ist deutlich zu erkennen. Beim Streichen tritt dieser Effekt leider ein, wenn man an gewissen Wandteilen zu langsam war und die Farbe antrocknete, ehe der Rest gestrichen war. Ich kenne diesen Anblick zur Genüge.

Und wir haben noch nicht über in den Ärmel gelaufene Farbe, verklebte Finger, Farbspritzer in Gesicht und Haaren gesprochen. Oder darüber, dass sich das Klebeband immer gerade dann ungeplant löst, wenn man auf der Leiter steht oder so farbverschmierte Hände hat, dass ein Wiederanbringen zwar möglich, aber sinnlos wäre. Oder darüber, dass man plötzlich im Dunkeln steht, weil ein paar Tropfen Farbe den Weg von der Rolle zur Spitze eines Stromkabels gefunden, dort den Spritzschutz aus Klebeband samt Lüsterklemme überwunden und einen Kurzschluss ausgelöst haben.

All das ist mir natürlich passiert, als ich die Wände im neuen Heim vor dem Einzug strich, vieles davon mehrmals (der Kurzschluss zum Glück nicht). Ich finde das nicht mal rückblickend witzig. Genau mitgezählt habe ich nicht, aber 200 Liter Farbe habe ich mindestens verbraucht. Das ist eine ordentliche Badewannenfüllung. Mein Maler-Humor muss in diesen Farbfluten untergegangen sein.

Vor diesem Maler-Marathon hatte ich Streichen einfach lästig gefunden. Seither empfinde ich eine tiefe Abneigung, habe die Schnauze vom Streichen gestrichen voll. Eigentlich lautet meine eiserne Heimwerker-Regel: Was ich selbst machen kann, erledige ich auch selbst – abgesehen von gefährlichen oder kritischen Sachen wie Arbeiten an Gas- oder Wasserleitungen. Aber ich bin wirklich geneigt, bei Malerarbeiten künftig eine Ausnahme zu machen. Die Aussicht, wieder stunden- und tagelang mit Farbe, Rolle und Pinsel hantieren zu müssen, ist mir ein Graus.

Inzwischen bin ich aber immerhin ziemlich gut darin geworden, mein malerisches Versagen zu kaschieren. Mit taktisch klug verteilten Möbelstücken, Spiegeln oder Garderoben lassen sich die schlimmsten Stellen unauffällig verstecken.

Für zwei oder drei besonders üble Flecken habe ich auch schon die Offensivvariante erwogen. Einfach einen leeren Bilderrahmen um die getrockneten Kleckse und Farbnasen aufhängen und das Ganze zur Kunst erklären.

In dem Fall kann ich allerdings nur hoffen, dass nie jemand die Frage stellt, was der Maler damit sagen wollte.

PROFI-TIPP: Womit streiche ich richtig?

Was macht gute Innenraumfarbe aus? Und wie lagere ich gebrauchte Pinsel und Rollen richtig? Ich habe bei Anja Weigel nachgefragt. Sie ist öffentlich bestellte und vereidigte Sachverständige für das Maler- und Lackiererhandwerk.

Zur **Maler-Grundausstattung** gehören für Weigel Pinsel, Rolle samt Teleskopstange sowie ein Abstreifgitter, um überschüssige Farbe vor dem Auftragen von der Walze zu entfernen. Zum Schutz angrenzender Flächen sind auch Abdeckfolie und Klebeband nötig. Wer nicht allzu lange von Hand umrühren will, kann sich mit einem Rührgerät oder einem Quirl für die Bohrmaschine die Arbeit erleichtern.

Beim Kauf von **Farbe** gibt es mehrere Qualitätsmerkmale.

- Nassabriebklasse: Sie drückt vereinfacht gesagt aus, wie widerstandsfähig die Farbe bei mechanischer Reinigung ist, etwa bei Scheuern mit einem feuchten Schwamm. 1 ist die beste Nassabriebklasse. Die Klassifizierung sagt allerdings nichts darüber aus, wie die Farbe nach der Reinigung aussieht – etwa, ob die Oberfläche tatsächlich sauber wird oder ob das Putzen Glanzflecken hinterlässt. Eine niedrige Nassabriebklasse ist ein Indiz für einen guten Anteil hochwertigen Bindemittels, also für eine robuste Farbe. Farben der Nassabriebklassen 4 oder 5 können auch gute Deckkraft haben. Allerdings ist beim späteren Überstreichen in der Regel eine Grundierung nötig.

- Kontrastverhältnis: Es gibt Aufschluss darüber, wie gut die Farbe den Untergrund abdeckt. 1 entspricht der höchsten Deckkraft-Stufe, 4 der niedrigsten.

Qualitativ hochwertige Farbe hat ihren Preis, aber die Investition lohnt sich. In manchen Fällen können das bei bestimmten Produkten und Farbtönen auch mehr als 50 Euro pro Farbeimer sein. Dafür bekommt man Deckkraft, Ergiebigkeit und gute Streichbarkeit.

Auch bei **Pinseln und Rollen** sollte man nicht sparen. Für wasserverdünnbare Farben und Lacke sollte man Pinsel mit hochwertigen Kunstborsten nehmen. Naturborsten-Pinsel sind bei lösemittelhaltigen Lacken sehr gut geeignet. Beim Pinselkauf sollten Sie darauf achten, ob die Borsten sorgfältig gebunden sind und ob sie sich hin- und herbiegen lassen, ohne dass einzelne Borsten herausfallen.

Wer gute Pinsel oder Rollen mehrmals benutzen will, muss sie nach dem Streichen in Wasser stellen. Sonst trocknet die Farbe und das Werkzeug wird hart. Vorsicht: Wegen Verdunstung muss man von Zeit zu Zeit Wasser nachfüllen. Spezielle Behälter verlangsamen den Verdunstungsprozess.

Bei wasserverdünnbaren Wandfarben kann man Pinsel und Rolle mit Wasser auswaschen. Das dauert aber lange – zum Schluss muss das Wasser glasklar bleiben, wenn es aus den Streichwerkzeugen herausläuft. Wenn auch nur geringe Farbreste übrig sind, verklebt das Material.

Unter Strom

In all den Jahren als Heimwerker ist mir eines bislang erspart geblieben: eine ernsthafte Verletzung. Kleinere Blessuren und Verletzungen der Haut gab es natürlich trotzdem, und ungezählte Male habe ich mit dem Hammer meine Finger malträtiert. Einmal war meine Hand etwas nahe am Stichsägen-Sägeblatt dran. Und ich habe erfahren, dass es unangenehm ist, wenn man mit dem Stechbeitel abrutscht und den eigenen Unterarm anritzt. Insgesamt ist mir aber nichts passiert, was sich nicht mit einem Pflaster oder einem Kühlpad hätte behandeln lassen. Mit einer Ausnahme. Einmal war ich kurz davor, im Krankenhaus zu landen.

Es ist schon ein paar Jahre her. Ich wollte eine Lampe anbringen. Der Vermieter hatte die Wohnung vor meinem Einzug neu streichen lassen. Die Maler waren sehr gründlich gewesen, vielleicht zu gründlich. Sie hatten auch die Kabel für Decken- und Wandleuchten komplett mit Farbe überzogen.

Ich war mit der Wandleuchte im Flur beschäftigt, als es geschah. Es war Unachtsamkeit, gepaart mit Leichtsinn und Dummheit. Beim Anbringen der Lampe hielt ich die Kabel so dämlich in der Hand, dass sich der Strom dachte: Hey cool, durch den Typen nehme ich eine Abkürzung. Ich weiß nicht, ob Sie schon mal einen Stromschlag abbekommen haben. Ich erinnere mich, dass es sich anfühlte, als würde eine Schar hocherhitzter Raupen in meinem Arm Richtung Schulter kriechen. Ebenso seltsam wie gespenstisch. Die Armmuskulatur fühlte sich hinterher wie weichgekocht an.

Zum Glück konnte ich rechtzeitig loslassen. Die Sache hat mich zweierlei gelehrt: Seither vergewissere ich mich immer mehrmals, ob die Sicherung wirklich ausgeschaltet ist. Und ich habe mir eine Werkzeugausstattung zugelegt, die mir einen gewissen Schutz gewährt: einen neuen Spannungsprüfer, einen Kabelentmanteler, eine Abisolierzange und einen brauchbaren Seitenschneider.

Ich habe auch gelernt, dass Farbenlehre ein entscheidender Sicherheitsfaktor ist. Ein Kabel, drei Farben. Verbindet man die richtigen, ist alles gut. Dummerweise habe ich zu selten mit Elektrik zu tun, um es mir zu merken. Es ist ein Elend. Deshalb google ich jedes Mal aufs Neue, welche Farbe noch mal N, L und PE waren (Achtung: In anderen Ländern können sich die Farbkombinationen unterscheiden!) Und ich lese immer wieder:

L ist der Außenleiter. Er ist braun, schwarz oder grau.

N ist der Neutralleiter (auch Nullleiter genannt). Er steckt in einer blauen Kunststoffummantelung.

PE ist der Schutzleiter (auch Erdleiter oder Erder genannt). Er ist von einer gelb-grün gestreiften Hülle umgeben.

Eine vernünftige Eselsbrücke war mir bislang nicht eingefallen. Bis jetzt.

Braun, schwarz und grau haben eines gemeinsam: Ein L

kommt in ihnen nicht vor. Ja, ein wenig um die Ecke gedacht. Aber für mich funktioniert es.

Fragen Sie mich nicht, wie ich auf diese N-Gedächtnisstütze kam: an der schönen blaueN Donau.

Bei PE ist die Sache einfach: zwei Buchstaben – zwei Farben.

Mit diesen Erinnerungshilfen komme ich gut klar. Aber ich gebe zu, dass ich froh bin, wenn mein Kontakt zur Elektrik überschaubar bleibt. Die Lampen im und ums Haus sind inzwischen angebracht, der Kontakt mit Strom beschränkt sich darauf, Stecker in die Steckdose zu stöpseln oder Geräte einzuschalten. Der Strom fließt. Aber zum Glück nicht durch mich hindurch.

PROFI-TIPP: Was ist beim Anschließen von Lampen zu beachten?

Elektrischer Strom ist gefährlich – wer das Risiko nicht scheut, kann selber Lampen an einen vorhandenen Leuchtenauslass anschließen. Ich habe mich beim Fachhandwerk der Elektroinnungen informiert, worauf es ankommt.

Eines muss klar sein: Nur wer das richtige Werkzeug hat und einige Sicherheitsregeln beachtet, kann Lampen selbst anschließen, ohne sich oder andere zu gefährden. Und wie es auch bei den Profis üblich ist: Ohne Spannungsprüfer, Leitungssucher, einen isolierten Schraubenzieher und ein Abisolierwerkzeug sollte man die Arbeit lieber gleich einem Fachmann überlassen – und auch mit Werkzeug in jedem Fall folgende Schritte einhalten:

- Ab an den Sicherungskasten und den Stromkreis der Lampe unterbrechen.
- Stellen Sie sicher, dass niemand den Leitungsschutzautomat wieder einschaltet oder die Sicherung wieder reindreht und den Stromkreis aktiviert, während Sie an der Lampe arbeiten. Das geht etwa, indem man zum Beispiel den Hebel am Automaten nach dem Abschalten mit Klebeband blockiert.
- Vergewissern Sie sich, dass Spannungsfreiheit besteht. Dazu benötigen Sie unbedingt einen Spannungsprüfer, der anzeigt, wie hoch die Spannung ist. Ein Phasenprüfer ist nicht ausreichend. Er zeigt lediglich, ob Spannung

anliegt oder nicht. Vorsicht: Auch wenn der Leitungsschutzautomat ausgeschaltet ist, können Sie nicht sicher sein, dass keine Spannung anliegt.

- Befestigen Sie die Lampe an Wand oder Decke. Achten Sie dabei auf zwei Dinge: Offene, abisolierte Leiterenden müssen während der Leuchteninstallation isoliert sein, etwa durch Steckklemmen. Und bevor Sie den Bohrer ansetzen, vergewissern Sie sich, wo das Kabel in Wand oder Decke verläuft. Das ist nicht immer hundertprozentig präzise möglich, geht aber am besten mit einem Leitungssucher.
- Schließen Sie dann die Lampe an die Leitung an – unbedingt den Schutzleiter zuerst. Die weitere Reihenfolge (Neutralleiter und Außenleiter) bleibt Ihnen überlassen. Verwenden Sie stets einen an Griff und Schaft isolierten Schraubenzieher.
- Wenn alles angebracht und angeschlossen ist, schalten Sie die Sicherung wieder zu und testen, ob die Lampe funktioniert. Falls nicht, wieder ab zum Sicherungskasten: Arbeiten mit zugeschaltetem Leitungsschutzautomat oder eingedrehter Sicherung sind tabu.

Achten Sie beim Lampenkauf darauf, dass im Gehäuse ein Anschluss für den Schutzleiter vorhanden ist. In neueren oder renovierten Wohnungen sind Leitungen mit Schutzleiter Standard. Doch Vorsicht: In älteren Immobilien kann es dagegen sein, dass Kabel nur zwei Adern haben und der Schutzleiter fehlt. Bei alten Leitungen kann die Farbgebung vom heutigen Standard abweichen. Wer unsicher ist, sollte auf jeden Fall einen Profi zu Hilfe rufen. Denn das Risiko ist dann weit größer, bei Fehlern in der Elektrik einen Stromschlag zu bekommen.

Weihnachtsmann, Mannomann

Alle Jahre wieder hole ich zwei Umzugskisten voller Weihnachtskrempel vom Dachboden, um sie einige Wochen später wieder dorthin zu schleppen. Mit meiner ablehnenden Haltung zum Dekorieren bin ich zu Hause in der Minderheit. Deswegen beschränke ich mich darauf, die schlimmsten Exzesse zu verhindern. Das ist beim Aufstellen schon nervig genug. Aber kein Vergleich zum Reparieren, wie ich feststellen musste, nachdem ich mich nicht weniger als drei defekten Weihnachtsmännern gegenüber sah:

- Einem etwa 60 Zentimeter großen Aufsteller-Weihnachtsmann mit abgefallenen Armen
- Einem kugelschreibergroßen Wackel-Weihnachtsmann aus Metall mit einem abgefallenen Arm
- Einem Räuchermännchen-Weihnachtsmann, dessen Beine sich von der Standplatte gelöst hatten

Es war ein trauriger Anblick. Liebend gerne hätte ich die Designer gefragt: Was soll der Mist? Warum waren beim großen Aufsteller die Arme mit Drahtstückchen so labberig angebracht, dass sie quasi perfekte Hebel waren, um diese Verbindung zu sprengen? Warum war der Arm des Wackel-Weihnachtsmannes aus Metall nur an zwei Punkten mit dem Oberkörper verbunden? Und warum wählte man für den Räuchermann offenbar Leim, der den Belastungen nicht gewachsen war?

Die Antworten darauf weiß ganz allein die Weihnachtsdeko-Industrie.

Obwohl Dekorieren nicht zu meinen Kernkompetenzen im Haus gehört, wurde ich dazu verpflichtet, das Sammelsurium wieder in Schuss zu bringen. Der Heimwerker als Deko-Chirurg. Theoretisch hätte ich Nein sagen können. Aber praktisch will ich auch meinen vorweihnachtlichen Frieden im Haus.

Den großen Aufsteller-Weihnachtsmann nahm ich mir zuerst vor. Oberstes Ziel: Die Arme sollten hinterher unbeweglich sein. Das Durchbohren und Festnageln der Arme ging überraschend gut, kein Splittern, keine Chance mehr, dass irgendein rostiger Draht durch Rütteln an der Weihnachtsmann-Hand weggehebelt wird. Nur die Bohrlöcher, durch die einst der Draht verlief, zeugen noch von einem völlig bescheuerten Design.

Dann der Räuchermann, ein kleines Déjà-vu: Das Problem mit aufgelösten Klebeverbindungen bei dem Kerl kannte ich schon. Vor ein paar Jahren hatte ich die Platte für den Räucherkegel von oben mit den Beinen verschraubt, weil sie sich gelöst hatte. Nun mussten eben auch noch die Beine von unten mit der Grundplatte verschraubt werden.

Sagen wir so: Es gibt erquicklichere Basteleien, als Räuchermann-Beine mittig einzubohren. Einigermaßen habe ich es hinbekommen. Das Männchen steht jetzt zwar auf der Grundplatte, als habe es einen Hüftschaden, aber es hält.

Zum Schluss die größte Herausforderung, der armamputierte Wackel-Weihnachtsmann aus Metall. Vermutlich hätte man ihn löten können. Oder schweißen müssen. Keine Ahnung. Selbst wenn ich es gewusst hätte, hätte es mir nicht weitergeholfen. Mir fehlen die entsprechenden Geräte. Darum griff ich zum Schweißgerät des kleinen Mannes, der Heißklebepistole.

Es ging zunächst besser als erwartet. Der Arm hielt, ich wollte aus optischen Gründen den überschüssigen Kleber entfernen. Tatsächlich ging er restlos ab. Dummerweise verabschiedete sich der eben erst festgeklebte Arm gleich mit. Es war, als hätte ein Windstoß mühsam zusammengeharktes Laub wieder verteilt.

Zu diesem Zeitpunkt hatte ich schon mehr Zeit mit Deko-Reparatur verbracht, als es angesichts meiner begrenzten Lebenszeit verhältnismäßig erschien. Ich beschloss, bei Versuch Nummer zwei auf Verschönerungsarbeiten nach dem Kleben zu verzichten. Deshalb sieht der Wackler nun aus, als leide er an einem schnell wuchernden transparenten Geschwür. Egal. Der Arm hält. Und bevor ich mich noch mal mit dem Ding auseinandersetze, bleibt der Wackel-Weihnachtsmann ein Amputierter. Oder wandert in die Tonne. Wir haben eh zu viel Deko.

Schöne Weihnachten allerseits.

Zu beweglich

Während meiner Schulzeit habe ich einen Tanzkurs gemacht. Das gehörte damals irgendwie dazu. Mir ist fast nichts davon in Erinnerung geblieben. Nur, dass das Tanzlehrerpaar einen starken osteuropäischen Akzent hatte und einen Tanzschritt, wenn ich mich recht entsinne, gerne mit den Worten »rüber, vor, druff« erklärte. Ich darf vermelden, dass ich trotz des Kurses ein katastrophaler Tänzer bin und damals am »rüber, vor, druff« beinahe verzweifelte. Bei meiner Tanzpartnerin müsste ich heute noch Abbitte leisten.

Seit dem Abschlussball spielt Tanzen in meinem Leben jedenfalls eine untergeordnete Rolle. Das »rüber, vor, druff« ist mir aber geblieben. Ich denke jedes Mal daran, wenn ich ein Scharnier einstellen will. Dabei stelle ich mich noch unbeholfener an als beim Tanzen.

Auf Wikipedia heißt es: »Ein Scharnier ist ein Gelenk, das zwei feste Teile beweglich verbindet.« Ich halte das für unvollständig. Zumindest bei bestimmten Scharnieren müsste der Satz lauten: »Ein Scharnier ist ein Gelenk, das zwei feste Teile beweglich verbindet und einen fast um den Verstand bringen kann.«

Die meisten einstellbaren Scharniere in meinem Haus, zum Beispiel an den Wohnzimmerschränken, haben zwei

Stellschrauben. Eine fürs Rüber (damit lässt sich das Scharnier quasi ein wenig nach links oder rechts schwenken) und eine fürs Vor (damit lässt sich der Abstand der Tür zum Schrankkorpus justieren).

Theoretisch habe ich die Sache voll im Griff. Im Zusammenspiel der Möglichkeiten lässt sich eine Einstellung finden, bei der die Tür sauber schließt. Die Fuge zwischen Tür-Unterkante und der Schublade darunter ist hübsch parallel. Und die Seitenkante der Tür ist genauso senkrecht wie die Wand des Schrankes.

In der Praxis: von wegen. Parallel oder senkrecht, maximal eines geht. Und je besser das wird, desto übler sieht es mit dem anderen aus. In Konflikttherapien heißt es ja, man müsse eingefahrene Muster durchbrechen, um die Eskalation zu vermeiden. Bei meinen Scharnier-Einstellversuchen möchte ich regelmäßig wirklich gerne was durchbrechen, am besten den gesamten Schrank. Was das angeht, hat sich bei mir leider schon ein destruktives Muster tief verankert.

Es fängt wie alles an, das nur in die Hose gehen kann: mit guten Vorsätzen. Ich nehme mir vor, nur minimal an den Stellschrauben zu drehen und immer sofort die Veränderung zu überprüfen. Irgendwann verliere ich aber die Geduld. Es ist einfach eine undankbare Aufgabe: Zwei Stellschrauben pro Scharnier ergeben bei zwei Scharnieren vier Stellen, die alle aufeinander abgestimmt werden müssen.

Es kann ja sein, dass drei schon in der richtigen Stellung sind. Wenn die vierte Schraube falsch angezogen ist, verhunzt das das Gesamtergebnis. Und ich erkenne leider nicht immer, an welcher Schraube es hakt. Also verändere ich die Position bei einer der drei anderen, die ich hätte in Ruhe lassen müssen. Und immer so weiter.

Anders sieht es aus, wenn es pro Scharnier exakt eine Möglichkeit gibt. Wie beim Gartentor. Dort haben beide Scharniere einen Gewindebolzen mit passender Mutter. Ich habe einfach an der Mutter des unteren Scharniers gedreht, bis der Abstand zum Torpfosten passte. Mit der Mutter am oberen Scharnier habe ich dann nur noch nachjustiert, um das Tor waagerecht auszurichten. Erst das eine einstellen, dann das andere – fertig.

Es ist mir leider nicht gelungen, diese Methode auf die Scharniere der Schränke zu übertragen. Mir bleibt nur das ziellose Herumprobieren. Zufallsprinzip statt Präzision. Inzwischen gebe ich mich schon damit zufrieden, wenn die Türen nicht an den Schubladenfronten entlangschrappen. Deshalb verspreche ich: Wenn ich es dereinst schaffen sollte, systematisch sämtliche Wohnzimmerschranktüren genau einzustellen – dann mache ich noch mal einen Tanzkurs.

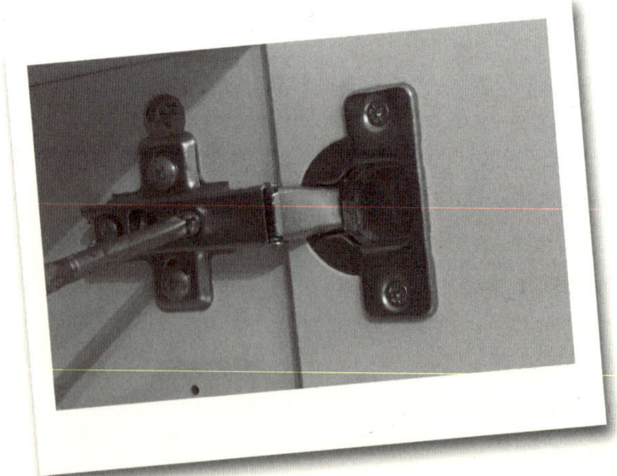

Die Haken an der Sache

Von allen Handwerker-Sprüchen mag ich »Erst grübeln, dann dübeln« am wenigsten. Ich habe nichts gegen das Grübeln. Aber gegen das Dübeln. Zumindest, wenn es um Löcher in Stein geht.

Über viele Jahre dachte ich, es liege an den Wänden. In früheren Wohnungen konnte man nie sagen, ob man beim Bohren auf Beton, Ziegelstein, Mörtel oder irgendeine Masse treffen würde, die sich eher nach Gips anfühlte. Ich stelle mir Bohrer als Wesen mit menschenähnlichem Charakter vor. Wenn so ein Bohrer entscheiden muss, ob er sich durch Beton quälen oder entspannt ein bisschen Gips durchstoßen soll, sucht er sich eben den einfacheren Weg. Ich kann mich an mindestens ein Dutzend solcher Löcher erinnern.

Entweder war die Öffnung größer als gewünscht und damit zu groß für den geplanten Dübel. Oder sie war um ein paar Millimeter versetzt. Oder beides. Ich war gezwungen, Wandboards schief anzubringen, teilweise musste ich an Winkeln nacharbeiten, um sie den verhunzten Löchern in der Wand anzupassen. Versuche, das Loch mit einem etwas größeren Bohrer zu retten, hätten im Lexikon als wunderbare Illustration für den Begriff »Verschlimmbessern« getaugt.

Als Heimwerker empfinde ich kaum etwas als frustrierender als den Moment, wenn beim Befestigen nicht die Schraube in der Wand verschwindet, sondern der Dübel aus der Wand heraus der Schraube entgegenkommt. Dieses Gefühl kenne ich leider zur Genüge. So eine Leidensgeschichte macht demütig. Beim Dübeln gibt es mehrere Abstufungen. Ganz unten, quasi Stufe eins, ist »lose und schief«. Darüber steht »fest und schief«. Und ganz oben »fest und gerade«. Ich bin zufrieden, wenn ich Stufe zwei erreiche und man zumindest auf den ersten Blick meinen könnte, ich sei bei Stufe drei angekommen.

Womit wir bei zwei Kleiderhaken wären, die ich im Flur auf gleicher Höhe anbringen wollte. Pro Haken waren zwei Schrauben und damit zwei Löcher vorgesehen. (Ja, rückblickend habe ich bestimmt schon zwanzig Mal gedacht, dass mir eine Hakenleiste all den Nervkram, der folgen sollte, erspart hätte. Aber bei der Haken-Auswahl war ich nicht stimmberechtigt.)

Ich wüsste wirklich nicht, was ich in diesem Fall vor dem Dübeln noch hätte weiter grübeln können. Ich habe dreimal nachgemessen. Ich habe besonders sorgfältig angezeichnet. Und ich habe den Bohrer so genau wie möglich auf die Anzeichnung gesetzt. Und dennoch war nach dem Bohren klar, dass die Haken nicht auf einer Höhe sein würden. Aber auch nicht so unterschiedlich hoch angebracht, dass ich Absicht für mich hätte reklamieren können. Zu dem Zeitpunkt schwirrte in meinem Kopf pausenlos das Wort »Loch« herum, allerdings mit einer bekannten, nicht ganz jugendfreien Vorsilbe.

Die Überprüfung mit der Wasserwaage ergab eine

Höhenabweichung von einem knappen Zentimeter. Nicht mehr zu korrigieren. Und für jeden Besucher im Flur auf den ersten Blick zu erkennen. Ich sah nur eine Möglichkeit: Einfach immer so viel Kleidung auf die Haken zu hängen, dass niemand bemerken kann, was beim Anbringen schiefgelaufen ist. Das ist zugegebenermaßen unterste Heimwerker-Schublade, schlimmer noch als Pfuschen. Es ist der Versuch, den Betrachter der Haken mit einer optischen Täuschung in die Irre zu führen. Für jeden ehrbaren Heimwerker eine Bankrotterklärung. Bis heute wurmt mich die Sache. Und das bittere Fazit bleibt: Beim Dübeln waren die Haken der Haken an der Sache.

Kassen-
bereich

Im Grabbelkisten-Wahn

Eine der schönsten Seiten des Heimwerkens ist, dass man immer dazulernt. Das bedeutet leider nicht, dass der zweite Versuch zu einem besseren Ergebnis führt als der erste. Aber immerhin weiß man beim zweiten Anlauf, was schiefgehen kann.

Der Lerneffekt zeigt sich nicht nur beim Basteln selbst, sondern auch beim Einkauf. Wer im Durchschnitt ungefähr zweimal im Monat im Baumarkt ist (wie ich), entwickelt Leitlinien, um den Shopping-Rausch in geordnete Bahnen zu lenken. Drei Regeln haben sich für mich herauskristallisiert:

Kaufe keinen Mist.

Kaufe günstig, aber nicht billig.

Kaufe nicht überhastet.

Inzwischen schaffe ich es ganz gut, mich auch daran zu halten. Dummerweise führt der Weg mit meinem voll beladenen Einkaufswagen immer zur Kasse. Und ich muss gestehen, dass der Lerneffekt im Kassenbereich wie weggeblasen ist, weil ich eine Schwäche habe für den Kram in den Grabbelkisten.

Es ist aber auch verlockend: Wasserwaagen, Inbusschlüssel, Klebeband, Arbeitshandschuhe, Mausefallen, Pinselsets, Heißklebepistolen, Eiskratzer, Bits, Taschenlampen,

Batterien, Reisewecker, Tacker, Schnur, Cuttermesser, Kabelbinder, Vorhängeschlösser, Filzgleiter, Frostschutzmittel, Schlüsselanhänger, Gummihammer, Feuerzeuge, Magnete, Ofenanzünder und Scheren. Um nur eine kleine Auswahl zu nennen. Alles aus den Kategorien »Davon kann man nie genug haben« oder »Sieht irgendwie praktisch aus«.

Ich sollte es besser wissen. Vor Jahren habe ich mir aus einer dieser Kisten mal einen Schraubendreher mit T-Griff geschnappt. Der Griff sollte das Drehen bei widerborstigen Schrauben erleichtern. Das tat er auch – ein paar Wochen lang. Dann brach er ab. Von den mitgelieferten Steckschlüssel-Einsätzen ganz zu schweigen. Die griffen schnell nicht mehr sauber und waren bald ausgenudelt.

Sich selbst nicht besser im Griff zu haben als ein Kind vor der Impulsware an der Supermarktkasse ist zu gleichen Teilen bitter und peinlich. Vor allem, wenn man um die Fallstricke weiß. So wie neulich. Ich war im Baumarkt, um ein wenig 8-Millimeter-Sperrholz und ein paar gehobelte Leisten zu besorgen. Klare, kurze Einkaufsliste.

Ich weiß nicht, was unmittelbar als Nächstes passiert ist. Die Erinnerung ist verschwommen. Aber ich fand mich auf einmal hinter der Kasse wieder, mit beschriftbaren Schlüsselanhängern, Handschuhen und einem kleinen Gummihammer im Einkaufswagen.

Verdammt.

Ich habe im Schuppen eine ganze Schublade voller Handschuhe. Nicht genau dieses Typs, aber trotzdem. Was die Schlüsselanhänger angeht: Davon habe ich nun, vorsichtig ausgedrückt, mehr als genug. Und für einen kleinen

Gummihammer habe ich derzeit nicht unbedingt Verwendung.

Kurz erwog ich, die Sachen direkt zurückzugeben. Aber das war mir ehrlich gesagt zu peinlich. Und eine hartnäckige Stimme in meinem Kopf sagte immer wieder: »Das Zeug frisst ja kein Heu. Nimm es einfach mit, irgendwann wirst du es schon brauchen.«

Gerne würde ich berichten, dass mir die Sache nun wirklich eine Lehre war. Gerne würde ich berichten, dass mich die Grabbelkisten seither kaltlassen. Tja.

Nach dieser Episode fällt mir nur noch eine Sache ein, die ich zwischen all den Regalen und Grabbelkisten an der Kasse gut gebrauchen könnte: Scheuklappen, damit ich beim nächsten Abstecher in den Baumarkt diesen ganzen verführerischen Mist nicht mehr sehen muss.

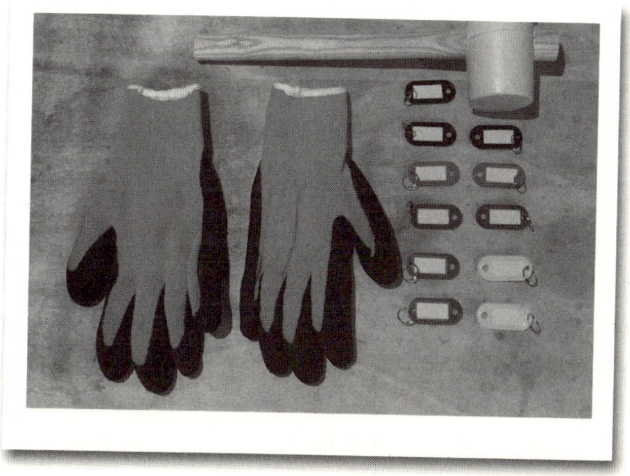

Typen wie wir

Es wird niemanden verwundern, dass ich häufiger im Baumarkt als in der Drogerie bin (und ehrlich gesagt auch lieber). Bei diesen Besuchen fühle ich mich immer so, als träfe ich ständig dieselben Personen. Selbstverständlich kenne ich nicht Tausende andere Kunden, so groß ist mein Heimwerker-Erfahrungsschatz dann doch nicht. Aber die Typen wiederholen sich. Als kleines soziologisches Hobbyprojekt schaue ich mir diese Leute seit einigen Jahren genauer an. Und ich meine, gewisse Phänotypen identifiziert zu haben. Dass ich mich in einigen davon wiedererkenne, ist gewiss kein Zufall.

Der Schaufensterbummler

Das Einzige, was sein Interesse am Baumarktsortiment übersteigt, ist die Zeit, die er zum »Nur mal schauen« zur Verfügung hat. Es gibt ein neues Bohrerset? Ab in den Baumarkt! Im Herbst kommt Streusalz ins Sortiment? Nix wie hin! Die Elektromaschinen müssen mal wieder gründlich inspiziert werden? Vor dem Regal sind quasi schon seine ausgetretenen Fußspuren zu erkennen. Dass der Schaufensterbummler weder Bohrer noch Streusalz oder Elektromaschinen braucht, spielt keine Rolle. Es geht eher darum, immer auf dem neuesten Stand zu sein.

Das erfordert viel Präsenz, Verwandtschaft mit dem Stammkunden ist daher nicht zu leugnen. Doch in Gegensatz zu diesem tritt der Schaufensterbummler nicht nur in einem Baumarkt auf, sondern in allen in der Umgebung. Wie soll man sonst vernünftig vergleichen können? Ach ja: Gekauft wird eher selten. Mit dem Preisvergleich wird man nämlich nie so richtig fertig.

Der Stammkunde

Kennt vom Kassenpersonal bis hin zum Mann beim Holzzuschnitt jeden Mitarbeiter persönlich. Das ist keine große Leistung, schließlich ist der Stammkunde mindestens dreimal die Woche da. Wenn er einen Satz mit »Ich geh nur mal eben schnell …« beginnt, ergänzen Familie und Freunde automatisch »… in den Baumarkt.« Es gibt immer irgendeine Schraube, irgendeinen Schalter, irgendeine Farbe, die er gerade dringend braucht, aber nicht im hauseigenen Lager hat.

Der Profi

Betrachtet Baumärkte eigentlich als Ort, an dem sich die niederen Bastler-Stände treffen. Das natürliche Revier des Profis ist der Fachhandel. Aber wenn gerade eine Muffe, eine Verteilerdose oder sonst etwas fürs aktuelle Projekt fehlt, ist der Besuch im Geschäft der Amateure nun mal nicht zu vermeiden. Habitus und Blick des Profis sagen: Das hier ist eigentlich unter meiner Würde. Aber für heute lasse ich mal fünfe gerade sein.

Das hindert ihn nicht daran, nach Herzenslust sein Wissen und das Know-how-Gefälle zum Rest der Kundschaft heraushängen zu lassen: Hihi, da fragt doch einer ernsthaft, welche Schraubensorten man beim Terrassenbau verwendet. Oder welches Silikon nun das Richtige für das Abdichten der Fugen in der Dusche ist. Wuahahaha. Selten so gelacht.

Der Verirrte

Geht nur in den Baumarkt, wenn es gar nicht anders geht. Sein Blick sagt in jedem Moment: »Was zur Hölle mache ich eigentlich hier?« Er wäre lieber im Café oder sonst irgendwo, aber er braucht nun mal Blumenerde oder einen neuen Grill. Die übrigen Kunden erscheinen ihm wie Angehörige eines fremden, wilden, irgendwie seltsamen Stammes.

Der Verirrte ist froh, wenn er im Labyrinth der Gänge und Rabattpostenkisten seine Sachen in den Einkaufswagen geladen und durch Zufall den Weg Richtung Kasse gefunden hat. Dort reagiert er auf die Frage nach einer Kundenkarte mit Befremden. Aber er beantwortet sie. Sein »Nein, und ich möchte auch keine« ist schließlich quasi der letzte Schritt auf dem Weg in die Freiheit. Er sagt noch »Auf Wiedersehen«. Und denkt sich dabei: Aber hoffentlich nicht so bald.

Der Neuling

Sehr einfach zu erkennen. An der Kasse hat er alles im Einkaufswagen, was man für ein konkretes Projekt braucht – Werkzeug und Material. Ist auch notwendig, weil die Ausstattung zu Hause bislang schlichtweg nicht vorhanden ist. Typische Käufe sind das Einsteigerset Schrauben, die

Grundausstattung für Malerarbeiten, der erste Akkuschrauber.

Der Neuling ist hoch motiviert. Das Wohnzimmer in der ersten eigenen Wohnung soll eine neue Wandfarbe bekommen. Es soll endlich ein Sichtschutz für die Terrasse her. Oder er braucht mit dem Umzug ins eigene Häuschen auf einmal die Garten-Grundausstattung, von Spaten über Rasenmäher bis hin zur Laubharke. Sollten Sie einen Neuling an der Baumarktkasse entdecken, schauen Sie ihn genau an. So zuversichtlich werden Sie ihn nie wieder zu Gesicht bekommen.

Die Diskutanten

»Das reicht doch nie im Leben.« – »Ach, hör doch auf, das reicht dreimal.« – »Ich sag dir, wenn wir nachher noch mal hierher fahren müssen, krieg ich 'nen Anfall.« Als Heimwerker muss man gewisse Dinge nicht einfach nur wissen, sondern besserwissen. Klugscheißerei geht mit Know-how quasi Hand in Hand. Dumm nur, wenn der Partner (fürs konkrete Bastel-Projekt oder auch fürs Leben) die eigene Kompetenz nicht (an)erkennt oder gar anzweifelt. Dann ist ein Nährboden vorhanden, auf dem wunderbare Diskussionen gedeihen.

An denen lassen die Diskutanten dann auch alle anderen Baumarktbesucher teilhaben. Diese erfahren dann, warum sich jeder der beiden für kompetenter hält, welcher von beiden bei anderen Projekten innerhalb der vergangenen zehn Jahre recht gehabt hat. Mit der Dauer der Debatte steigt die Wahrscheinlichkeit, dass der Satz »Es ist immer dasselbe mit dir« fällt – wahlweise auch: »Klar, du machst nie was falsch«, »Mach doch, was du willst« oder »Das ist das letzte Mal, dass ich mit dir was baue.« Leere Drohungen. Jeder Beobachter weiß, dass diese Diskussion bestenfalls bis zum nächsten Projekt unterbrochen wird, aber niemals wirklich endet.

Der Poser

Kompetenz ist für ihn eine Sache der Wahrnehmung. Es geht darum, kompetent zu wirken. Und das lässt sich im Baumarkt relativ leicht bewerkstelligen.

Poser: Entschuldigung, haben Sie so ein Ding, um Laminat … zu trennen?
Verkäufer 1: Sie meinen einen Laminatschneider?
Poser: Ja, genau.
Verkäufer 1: Nach der Sanitärabteilung links abbiegen, in dem Gang auf der rechten Seite.
Poser: Okay, danke.

Im Gang mit den Bodenbelägen.
Poser (zu Verkäufer 2): Sach ma, Laminatschneider habt ihr hoffentlich da, oder?
Verkäufer 2: Ja, genau hinter Ihnen.
Poser: Will ich aber auch meinen. Baumarkt ohne Laminatschneider, das wäre ja auch peinlich. In so 'nem Laden würde ich nicht einkaufen.

Der Wankelmütige

Geht in den Baumarkt, um ein Brett und zwei Winkel für ein Wandregal zu kaufen. Stellt im Baumarkt fest, dass vorgefertigte Wandregale im Angebot sind. Packt gleich zwei Stück ein. Findet auf dem Weg zur Kasse heraus, dass es Regalsysteme aus Metallleisten und variabel einsetzbaren Winkeln gibt, für ein Wandregal ganz nach dem persönlichen Geschmack. Entlädt seinen Einkaufswagen wieder, packt Metallleisten und Winkel ein. Bis er in die Abteilung mit den Plastikkisten kommt – und sich dort spontan entscheidet, dass sich für seine Zwecke eine Kiste eigentlich viel besser eignet als ein Wandregal.

Der Heimwerker als Papierkrieger

Es war einmal ein Heimwerker, der wollte einen Küchentisch bauen. Eine schöne Holzplatte besaß er schon, und weil er nicht viel Zeit hatte, entschied er sich, im Baumarkt vier Tischbeine aus Metall zu besorgen. Wie war ihm das Herz so leicht, als er vom Einkauf zurückkehrte und freudestrahlend die Beine in die Platte schraubte.

Aber ach, seine Familie mochte seine Freude nicht teilen. Sie schalt ihn einen Dummkopf und lachte ihn aus. Denn in seiner Eilfertigkeit hatte er die falschen Tischbeine gekauft. So war der Tisch zu hoch, um daran zu sitzen – aber zu niedrig, um daran zu stehen.

Der Spott hallte dem armen Heimwerker noch in den Ohren, als er beschämt an der Infotheke des Baumarktes stand und um einen Umtausch der Tischbeine ersuchte. Gern wolle man ihm seine Bitte gewähren, hieß es. Der Heimwerker fasste neuen Mut, der sich bald jedoch wieder verflüchtigte. Wo denn bitte schön die Rechnung sei, wurde er gefragt. Ohne Kassenzettel kein Umtausch. Ihm wurde bange, und er fragte sich, ob seine Geschichte jemals mit den Worten enden würde: »… und er setzte sich jeden Tag bis zu seinem Lebensende glücklich an seinen selbst gebauten Küchentisch mit den Metallbeinen.«

Inzwischen darf ich vermelden, dass die Geschichte ein glückliches Ende genommen hat. Bei dem schusseligen Heimwerker handelt es sich selbstverständlich um mich. Den Kassenbon hatte ich nicht mehr. Also blieb mir nur, mit Engelszungen auf die Dame hinter der Theke einzureden. Ich gab ihr mein großes Pfadfinderehrenwort, dass ich die Tischbeine wirklich in diesem Baumarkt gekauft hatte.

Irgendwann währenddessen dachte ich aber auch: Jetzt stellt euch mal nicht so an. Baumarktketten tun doch die ganze Zeit so, als seien sie quasi nur eine Art Sammelbecken für lauter gute Kumpels, die mit Material und Sachkunde zum Gelingen jedes Projektes beitragen. Ich finde, wenn man sich schon so anbiedert, sollte man den ungeschriebenen Heimwerker-Ehrenkodex auch übernehmen: Hand drauf gilt, ein Bastler, ein Wort. Wer braucht da noch Kassenzettel?

Ich durfte die Tischbeine tatsächlich umtauschen, Kulanz. Um nicht noch einmal in die Rolle des Bittstellers zu geraten, habe ich mir damals etwas vorgenommen: Sicherzustellen, dass ich nie wieder ohne Beleg dastehe – und dass sich nie wieder ein Papierhaufen aus Bedienungsanleitungen, Rechnungen, Kassenbons und Garantiescheinen ansammelt. Sortieren war das Motto der Stunde. Mit anderen Worten: Papierkram. Ich kann ihm nicht entkommen. Dabei liegt der Reiz des Heimwerkens doch gerade darin, dass dabei Sägespäne anfallen, aber keine Büroarbeit.

Irgendwann saß ich dann trotzdem inmitten eines Berges von Unterlagen. Einen halben Nachmittag lang habe ich Papier sortiert, weggeschmissen, beschriftet. Der Kassenbon für die Stichsäge, deren Garantie schon vor Jahren abgelaufen ist? Weg. Die Bedienungsanleitung für den Werkstattsauger? Auch weg. Es ist ein gottverdammter Staubsauger, er hat exakt einen Knopf, ich weiß, wie so ein Ding funktioniert. Um einen Kippschalter zu bedienen, brauche ich keine Anleitung. Die ganzen Rechnungen vom Baustoffhandel? Ab in den Zeitschriftensammler, und wenn es nur ist, um die Preisentwicklung zu dokumentieren.

Inzwischen hat sich bei mir ein System etabliert, mit dem ich einigermaßen klarkomme. Dafür brauchte ich fünf Zeitschriftensammler, die nun im Schuppen stehen: Einer für das, was man im weitesten Sinn Fachliteratur nennen könnte. Zum Beispiel eine Doppelseite aus unserem Anzeigenblättchen, in der genau erklärt ist, was ich Monat für Monat bei der Rasenpflege zu tun habe – damit ich immer nachschauen kann, was ich hätte tun müssen. Oder Kataloge von Spielgeräte-Herstellern.

Sammler Nummer zwei enthält Unterlagen zu allem, was keinen Motor hat: Fahrradanhänger, Sonnenschirm, Kehrmaschine. Die Sammler Nummer drei und vier gehören den Motorgeräten, vom Akkuschrauber bis zum Rasenmäher, von der Flex bis zur Handkreissäge. Und Nummer fünf enthält Konstruktionsskizzen früherer Projekte, falls ich mal etwas Vergleichbares bauen sollte. Dazu noch jede Menge Zeitungsausrisse mit den Anzeigen von Handwerkern, sollte ich jemals etwas gebaut haben wollen, das meine Fähigkeiten übersteigt.

Sie sehen, das Bastel-Ablagesystem ist ausgeklügelt. Und mein Bedarf an Heimwerker-Verwaltungsarbeit auf absehbare Zeit gedeckt. Sie können mir eine Laubsägearbeit aufbrummen, Sie können mich zum Beton anrühren schicken, Sie können mich zum Plexiglasschneiden abkommandieren, Sie können mich Holz spalten lassen – es spielt keine Rolle. Für den Bastler ist in gewisser Weise kein Werkstoff herausfordernder als Papier.

Deshalb lautet das Ende des Märchens vom Heimwerker: Und wenn er nicht den ganzen Papierkram weggeschmissen hat, sortiert er ihn noch heute.

Das Alphabet des Bastlers

A wie Akkuschrauber

Schwer zu glauben, dass die Menschheit Zehntausende Jahre ohne Akkuschrauber ausgekommen ist. Zumindest aus meinem Leben ist das Ding nicht mehr wegzudenken. Notfalls ließe es sich auch als Rührmaschine für den Geburtstagskuchen, als Drehhalterung fürs Grillhähnchen oder als Garn-Aufwickelhilfe benutzen. Wer Heimwerken will, sollte sich als Teil der Grundausstattung unbedingt einen Akkuschrauber zulegen.

B wie Beton

Ein wahrer Wunderstoff. Günstig, einfach zu verarbeiten, hält bombenfest. Deshalb gilt: Überlegen Sie sich gut, ob Sie darauf verzichten wollen, ein Fundament, eine Garage oder eine Rasenkante ohne Beton zu bauen. Sie könnten es bereuen. Aber leider gilt auch: Ein Beton-Fehltritt und Ihnen steht ein Abbruchprojekt bevor. Der Stemmhammer könnte für einige Zeit zu Ihrem engsten Begleiter werden. Deshalb gilt genauso: Überlegen Sie sich gut, ob Sie betonieren. Sie könnten es bereuen.

C wie Cuttermesser

Pakete öffnen, Bleistift anspitzen, Malervlies zuschneiden,

Kabel ablängen: Das Cuttermesser ist eine echtes Allroundtalent. Wer es einmal im Werkzeugkasten hat, möchte es nicht mehr missen. Zumal es sich auch als nützlich erweisen kann, wenn man gar nicht arbeitet: Mit einem Cuttermesser lässt sich ohne größere Schwierigkeiten auch das Brötchen für eine Heimwerker-Zwischenmahlzeit aufschneiden.

D wie Dichtung

Die Dichtung ist für den Heimwerker hübsch doppeldeutig. Wenn der Wasserhahn tropft, die Heizung nicht richtig funktioniert oder es am Fenster zieht, liegt das oft an defekten Dichtungen. Und wenn der Heimwerker dann berichtet, wie er die Sache behoben hat, ist das nicht selten auch eine ganz bestimmte Art Dichtung – manchmal sogar eine, bei der man sagen könnte, er ist selbst nicht ganz dicht. In dieser Hinsicht besteht eine gewisse Bruderschaft im Geiste mit dem Angler und seinem Latein.

E wie Eimer

Ein Heimwerkerdasein ohne Eimer ist möglich, aber sinnlos. Kleine Eimerchen für Nägel und Schrauben, größere Eimer für Erde und Bauschutt, ganz große Eimer für Abfall. Zehn Akkuschrauber sind übertrieben, und 20 Hämmer brauchen wohl auch nur die wenigsten Bastler. Aber Eimer kann man nie genug haben.

F wie Feierabendhammer

Das perfekte Werkzeug für den Abschluss jeglicher Projekte oder bei Meilensteinen wie Richtfesten. Statt einer

Finne ist im Hammerkopf ein Flaschenöffner integriert – für den Fall, dass Sie noch nicht gelernt haben sollten, wie man eine Bierflasche mit Zollstock oder Feuerzeug öffnet. Aber Vorsicht: Wer den Feierabendhammer zu häufig benutzt, ist vielleicht länger außer Gefecht als nur bis zum folgenden Morgen.

G wie Gretchenfrage

Früher oder später stellt sie sich jedem Heimwerker: Welchem Stamm möchte ich angehören? Benzinern, Elektronesen – oder gar Akkuisten? Ganz gleich ob Kettensäge, Heckenschere oder Rasenmäher, beim Motor scheiden sich die Geister. Tendenziell würde ich sagen: Ohne Kabel ist immer gut (siehe Verlängerungskabel). Aber sich keine Gedanken über Kraftstoffverbrauch und Abgase machen zu müssen, hat eben auch seine Vorteile.

H wie Haushaltsabteilung

Mit Abstand das Ödeste, was der Baumarkt zu bieten hat. Bürsten, Besen, Handfeger, Putzmittel, Schwämme, Mülleimer – laaaangweilig. Immerhin hat auch eine der interessantesten Abteilungen im Baumarkt ein H am Anfang: die Holzabteilung.

I wie Innensechskant

Auch bekannt als Inbus. Eine der besseren Erfindungen der Schraubengeschichte. Lässt sich prima rein- und rausdrehen, nudelt kaum aus und ist dabei noch hübsch anzusehen. Der Nachteil: Weil er so beliebt ist, auch im Möbelbau, kann man sich ihm kaum entziehen. Da ist es quasi unvermeidlich, dass man nach einer Weile einen Haufen Innensechskantschlüssel herumliegen hat, die die Werkstatt zumüllen.

J wie Japansäge

Wer einmal eine benutzt hat, möchte sie nicht mehr missen. Klare, dünne, präzise Schnitte, bei geringer Kraftanstrengung. Mit den Sägen ist es wie mit den Elektroautos: Da haben uns die Japaner etwas voraus.

K wie Klugscheißerei

»Also ich würd ja …«, »So wird das nix«, »Ich habs dir ja gleich gesagt«: Wer noch nie diese Sätze gehört hat, muss ein Heimwerker-Eremit sein. Es findet sich bei fast jedem Projekt ein Nachbar, ein Verwandter, ein Partner, der es erstens besser weiß und zweitens sich nicht scheut, den Wissens- und Könnensvorsprung offensiv mitzuteilen. Dabei ist völlig wumpe, ob der Kommentar stimmt. Fast genauso wichtig wie Kompetenz ist beim Heimwerken die Fähigkeit, Know-how vorzutäuschen. Immer fleißig mit Fachbegriffen um sich werfen und so tun, als habe man das Handwerk von der Pike auf gelernt. Probieren Sie es selbst mal aus. Mein Uropa hat in meiner Familie den Spruch geprägt: Es gibt nichts Schöneres, als anderen bei der Arbeit zuzuschauen. Ich möchte ergänzen: Und dabei den Besserwisser zu mimen.

L wie Leim

Der Nagel kann noch so gut eingeschlagen sein, die Schraube noch so fest eingedreht: Bei Holzverbindungen kann dem Leim in punkto Festigkeit kaum etwas das Wasser reichen. Deshalb gilt: Wer sich einredet, in seiner Hobbywerkstatt ohne Holzkleber auskommen zu können, ist sich selbst auf den Leim gegangen.

M wie Multiplex

Wer Sperrholz mag, wird Multiplex lieben. Beide ähneln sich, aber Multiplex ist noch steifer. Das freut jeden, der sich schon einmal mit kurvigen Brettern oder verzogenen Platten herumgeärgert hat. Für Holz-Puristen mag Multiplex etwas zum Naserümpfen sein. Aber wer keine Abrichthobelmaschine hat, um selbst gerade Bretter und Platten herstellen zu können, wird so eine Alternative zu schätzen wissen.

N wie Narbe

Ohne Schrammen oder Kratzer würden andere ja vielleicht gar nicht bemerken, wie fleißig der Heimwerker ist. Deshalb haben Narben als dauerhafter Nachweis der eigenen Bastel-Bilanz durchaus ihre Berechtigung. Wobei – es kann auch sein, dass die Heimwerkerseele Narben davonträgt. Zum Beispiel, wenn das Unkraut der Grasnarbe im heimischen Garten allzu sehr zusetzt.

O wie OSB-Platte

Vom Englischen »oriented strand board«, zu Deutsch Grobspanplatte. Robust, günstig, nahezu universell einsetzbar – und dank der einzigartigen Oberfläche irgendwie auch ein Hingucker.

P wie Pinselreiniger

Gehört wie der Staubsauger zu den unterschätzten, aber trotzdem wichtigen Utensilien im Bastelschuppen. Wer aus einem Pinsel nach erstmaliger Benutzung keinen steinharten Borstenklotz machen will, muss Farb- oder Lackreste entfernen.

Q wie Qualität

Darf die Bohrmaschine vom Discounter sein? Muss der Rasenmäher vom Fachhändler kommen? Tun es die günstigen No-Name-Schrauben – oder wäre der Griff zum Markenprodukt besser? Was gut ist, hängt für den Heimwerker oft auch vom Preis ab. Wer selber arbeitet, statt den Handwerker zu rufen, wird automatisch zum Schnäppchenjäger. Das hat allerdings auch seine Tücken. Nicht umsonst gibt es auch viele Bastler, deren Wahlspruch lautet: Wer billig kauft, kauft zweimal.

R wie Reinigungsspirale

Ein Gerät, von dem man hofft, es nie zu benötigen – und bei dem man umso dankbarer ist, es zu haben, wenn der Ernstfall doch irgendwann eintritt. Ohne Reinigungsspirale müsste man bei manchem verstopften Dusch-Abfluss und Waschbecken den Klempner rufen. Stattdessen nimmt man die Spirale zur Hand, und mit etwas Geschick ist der Abfluss bald wieder frei.

S wie Staubsauger

So sehr sich Heimwerkerarbeiten unterscheiden, eines trifft auf fast alle zu: Sie machen Dreck. Im Garten kann man darauf setzen, dass der Regen seinen Teil zur Reinigung beiträgt. Aber drinnen? Am Anfang mag es ja noch ganz lustig sein, wenn im Bastelkeller ständig alles mit einer feinen Sägemehlschicht überzogen ist. Aber irgendwann kommt der Punkt, an dem man Profis um Kreissägen mit mehrfacher Absaugung beneidet. Auch wenn man viel lieber in Sägen, Fräsen oder Bohrer investieren würde, schafft man sich einen Werkstatt-Staubsauger an. Und stellt schon bald fest: Kein Gerät im Heimwerkeruniversum wird so sehr unterschätzt.

T wie Tiefenanschlag

Ein Fehler beim Bohren kann ein ganzes Möbelstück verhunzen. In die falsche Richtung gebohrt und die Dübelverbindung passt nicht. Zu tief gebohrt und auf einmal ist dort ein Loch, wo keines zu sehen sein sollte. Letzteres lässt sich durch einen Tiefenanschlag vermeiden. Wenn er fest sitzt, kann man drücken wie man will – der Bohrer dringt dann nur bis zur voreingestellten Tiefe ins Werkstück ein. Eine günstige Alternative ist ein Stück Klebeband, an der passenden Stelle um den Bohrer geklebt. In dem Fall muss man freilich genau aufpassen, wann die Klebeband-Markierung die Oberfläche des Werkstücks erreicht.

U wie Unkrautvlies

Ein vermeintliches Allheilmittel im Garten. Die Idee: Wo das Vlies liegt, kann kein Unkraut von unten nachwachsen. Für kleine, zarte Unkräutchen mag das ja noch gelten. Aber was eine echte Distel ist, lässt sich doch von so einem bisschen Vlies nicht aufhalten. Und mal angenommen, die

Abdeckung würde wirklich den Wuchs verhindern – beim Unkraut gilt leider nicht, dass alles Gute von oben kommt. Stattdessen Staub, Wasser und jede Menge Pflanzensamen, die in Kombination auf dem Vlies eine wunderbare Wachstumsmischung ergeben. Da hilft dann nur noch das Abflammgerät. Oder die Chemiekeule.

V wie Verlängerungskabel

Strom, Strom, Strom ist alles, was ich brauche: Wer noch nie 50 Meter zum Schuppen laufen musste, um den zweiten Akku für den Akkuschrauber aufzuladen, kann kaum nachvollziehen, wie wertvoll ein langes Verlängerungskabel oder eine Kabeltrommel sein kann. Wer auf ausreichende Länge achtet, muss rund ums Haus nur einmal einstecken und erreicht dann jeden Winkel des Grundstücks. Die Kehrseite: Je länger das Kabel, desto mühsamer ist das Ausrollen – und erst recht das spätere Aufrollen. Aufpassen, sonst beschert man sich eine unfreiwillige Runde Knoten entwirren. Und irgendwann wird es auch ohne Knoten unhandlich: 50 Meter Verlängerungskabel wiegen schon so viel, dass der Arm beim Aufrollen mal müde werden kann. (Das würden die meisten Heimwerker aber nie zugeben.)

W wie Wasserwaage

Kaum ein Werkzeug bietet so großes Frustpotential. Die zwei Schrauben für den Hängeschrank sollen exakt in gleicher Höhe angebracht sein – die Wasserwaage verrät, ob das geklappt hat (in aller Regel: nein). Dennoch ein unverzichtbares Werkzeug, auch geeignet als Hilfslineal oder improvisierte Führungsschiene für eine Handkreissäge. Im Zweifelsfall gilt: Eine Wasserwaage ist nicht genug. 40 Zentimeter Länge, 80 Zentimeter Länge, vielleicht noch ein überlanges Exemplar, das zur Not auch als Richtscheit dienen kann, dazu eine Schnurwasserwaage – früher oder später findet sich für jedes Exemplar eine Anwendung.

X wie X-Gleiter

An X-Gleitern lassen sich Vorhänge befestigen. Nicht gerade spektakulär, ich weiß. Hat aber im weitesten Sinn schon irgendwie mit Heimwerken zu tun. Und beim Buchstaben X ist die Auswahl ziemlich begrenzt …

Y wie Y-Anschluss

Aus zwei Gartenschläuchen soll einer werden? Zwei Abflussrohre sollen in eines münden? Nichts wie her mit dem Y-Verbindungsstück. Eine Erfindung, so simpel wie praktisch. Y-Anschlüsse firmieren häufig auch unter dem Namen »Abzweigung«. Aber das klingt doch nicht mal halb so schön.

Z wie Zurrgurt

Ist Ihnen jemals im Umzugswagen die Ladung verrutscht? Wollten Sie schon mal einen Holzstapel gegen das Umfallen sichern? Mussten Sie jemals diverse Stahlrohre in einem Bündel tragen? Dann dürften Sie sich ein Sortiment Zurrgurte zugelegt haben. Extrem stabil, sehr einfach zu bedienen – und vor allem ohne Bedarf an zusätzlichem Werkzeug. Einziger Nachteil: Wer nicht aufpasst, merkt an den eigenen Fingern, wie fest sich die Gurte zurren lassen.

Epilog

Der Gipfel meines Heimwerkerdaseins

Unser kleiner Rundgang durch den Baumarkt ist vorbei. Was bleibt? Die Erkenntnis, dass ich in vielen Bereichen ein absoluter Stümper bin. Die Elektroabteilung ist mir suspekt, und an die Regale mit Lacken und Lasuren gehe ich nur widerwillig. Von Fertigkeiten wie Schweißen ganz zu schweigen.

Aber ich merke auch, dass ich mich in der Holzabteilung schon sehr heimisch fühle. Wenn ich gehobelte Latten brauche, finde ich den Weg zum richtigen Regalfach quasi blind. Und in der Werkzeugabteilung kann man mich problemlos abgeben wie ein Kind im Bällebad. Ich bin auf jeden Fall noch da, wenn man mich wieder abholen will.

Meine Heimwerkerkarriere wäre weiter dahingeplätschert, wenn sich nicht ein Projekt aufgetan hätte, das alle anderen in den Schatten stellte. Im Rückblick ergibt plötzlich alles Sinn, erscheinen all die Basteleien und Fehlversuche als Schritte auf dem Weg zum vorläufigen Gipfel meines Heimwerkerdaseins: dem Bau eines Gartenhäuschens. Es verlangte mir alles ab, was ich gelernt habe. Ich musste buddeln, betonieren, sägen, bohren, fräsen, hämmern, schleifen, schrauben. Vom Schwitzen und gelegentlichen Fluchen ganz abgesehen.

In Gedanken stand das Häuschen schon seit Jahren im Garten, in der Nische zwischen Pflaumenbaum und Brombeerstrauch. Ein Ort zum Spielen für die Kinder. Und wenn die irgendwann mal kein Interesse mehr am Spielhäuschen haben sollten, hätte ich einen Abstellraum für die Gartengeräte.

Eine genaue Inspektion ergab, dass ich etwa 2,70 mal 2,60 Meter Platz für die Grundfläche hatte. Vor meinem geistigen Auge entstand das Bild des Häuschens: Satteldach, 30 Grad Dachneigung, vorne einmal über die gesamte Breite eine schmale überdachte Terrasse. Die Tür zentral, links und rechts davon ein Fenster. Der Plan war folgender: vier Punktfundamente ausheben, auf denen das Balken-Grundgerüst und alles andere ruht. Boden, Wände, Dach, Terrasse.

Je weiter das Haus in die Höhe wuchs, desto mehr Spaß machte es. Das Ausheben der Fundamente war eine reine Fleiß-, aber keine Kopfarbeit. Als die Betonarbeiten erledigt waren, lief es wie geschmiert: Stützbalken befestigt, Trägerbalken für das Dach auf die Stützbalken montiert, darauf die Dachsparren befestigt. OSB-Platten für Boden und Dachfläche, Dachpappe als Regenschutz, Terrassendielen verschraubt. Spontan entschied ich mich, aus zwei alten Plexiglasplatten noch zusätzliche Fenster in die Dachgiebel zu bauen.

Es lief wunderbar, dauerte aber alles ein wenig länger als gedacht. Eine Mischung aus zu optimistischer Planung,

Selbstüberschätzung und miesem Wetter. Dann kam der Winter. Bei abwechselndem Niesel- und Schneeregen schraubte ich die Profilbretter für die Wände an.

So stand mein Häuschen da, vier Wände, dichtes Dach, aber ohne Fensterläden und Tür. Und noch kein Klecks Farbe. Ich wollte mich schon darüber ärgern, dass ich mal wieder zu langsam gewesen war oder mir zu viel vorgenommen hatte. Dann wurde mir klar, dass der Zustand meines Häuschens wie eine Metapher für mein Heimwerkerdasein war. Manches klappt, anderes nicht, und nichts so wie geplant, zumindest nicht so schnell.

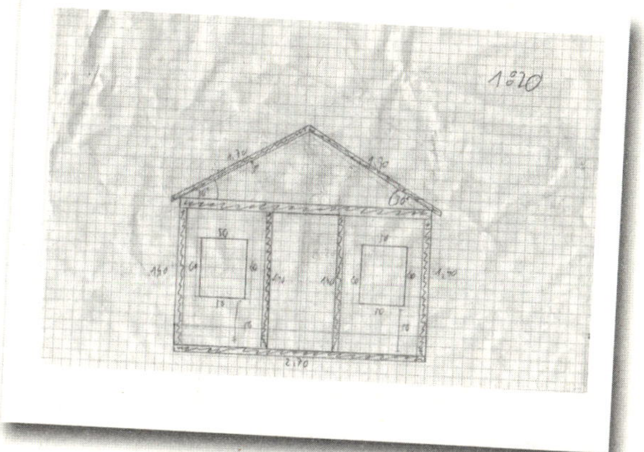

Als ich erkannte, dass die Fertigstellung bis zur nächsten Schönwetterperiode würde warten müssen, ging ich ins Häuschen hinein, setzte mich auf den Boden, atmete tief durch. Ich schaute hinauf zum Firstbalken, entlang an den Sparren zu den Stützbalken, dann durch die Türöffnung hinaus in den Garten. Ich dachte an die Plackerei beim

Ausheben der Fundamente, an das Schietwetter beim Anbringen der Sparren, an den mühsamen Zuschnitt der OSB-Platten für den Boden. Ich dachte: Mann, hat das alles Spaß gemacht! Ich dachte: Die Maloche hat sich gelohnt. Und ich dachte: Den Rest kriegste auch noch hin.

Schnee fiel, aber mir war warm. In mir stieg ein Gefühl der Zufriedenheit auf, eine Freude darüber, trocken in einem selbst gebauten Haus unter einem selbst gebauten Dach sitzen zu können. Kurz überlegte ich, was da in mir vorging. Dann wusste ich: Ja, da war es, das Heimwerkerglück.

Dank

Wenn jemand im April 2016 gesagt hätte, dass »Gesägt, getan« mal ein Buch werden würde – ich hätte es nicht geglaubt. Damals startete mein Heimwerkerblog auf SPIEGEL ONLINE, und ich war skeptisch. Wer sollte schon darüber lesen wollen, dass ich eine Holzverbindung verhunzt habe oder das Siechtum meines Akkuschraubers beklage? Viel mehr Leser, als ich erwartet hatte, das zeigte sich schnell.

Nun ist das Blog tatsächlich zum Buch geworden. Das wäre ohne die Hilfe vieler Menschen nicht möglich gewesen. Sie haben mich ermutigt und mir geholfen, Ideen zu entwickeln, Texte zu verbessern – und Fehler zu vermeiden. Sollten trotzdem noch welche vorhanden sein, gehen sie allein auf meine Kappe.

Vielen Dank an:

Katrin Bojarzin, Barbara Hans, Benjamin Maack, Birger Menke, Angelika Mette, Daniel Oertel, Norbert Pohlmann, Marieke Schönian, Ireneus Schubial, Walter Schulz, Hendrik Ternieden und all jene Experten, die mir Auskunft gegeben haben. Danke auch an all jene – Familienmitglieder, Nachbarn –, die meine Basteleien ermöglichen und ertragen. So viel Geduld und Toleranz erlebt man nicht allzu oft.

Vor allem aber gilt mein Dank den »Gesägt, getan«-Lesern. Sie haben handwerklich so viel mehr drauf als ich. Und machen sich trotzdem nicht über mich lustig, sondern teilen ihr Wissen. Ich möchte fast sagen: Die Welt wäre ein besserer Ort, wenn es mehr Heimwerker gäbe.